Und am Himmel leuchtet der Stern

Und am Himmel leuchtet der Stern

Der Weihnachtsbegleiter

HERDER

FREIBURG · BASEL · WIEN

Umschlaggestaltung: Gestaltungssaal, Rohrdorf
Umschlagmotiv: © Julia August / shutterstock
Satz: ZeroSoft, Timosoara
Herstellung: GGP Media GmbH, Pößneck

Printed in Germany

ISBN Print 978-3-451-38198-0

Inhalt

Zeit des Wartens

Bereit sein
Phil Bosmans

Advent heißt: Gott kommt, auf dass wir ihm unser Menschenherz öffnen, um Liebe zu empfangen. Liebe soll immer mehr das Leben der Menschen bestimmen. So wird das Leben jeden Tag zu einer neuen Herausforderung: Raum zu schaffen für die Liebe, Raum für Gott, der Liebe ist.

Advent ist die Zeit, sich bereit zu machen für das Kommen Gottes. Gott sucht den Menschen und der Mensch sucht Gott. Der heilige Gott sucht den in Schuld gefangenen Menschen und der Gefangene sucht den Heiligen, um geheiligt zu werden, um aufgenommen zu werden in das Licht und in die Liebe.

„Reiß Schloss und Riegel ab!"

Anselm Grün

„Macht hoch die Tür, die Tor macht weit" – „Reiß ab vom Himmel Tor und Tür, reiß ab, wo Schloss und Riegel für" – „O komm, o komm, du Morgenstern": Freude und Sehnsucht, die Erfahrung des „schon" und des „noch nicht" sind in den Liedern der Adventszeit gemischt: „Vertreib das Dunkel unserer Nacht durch deines klaren Lichtes Pracht."

In diesen Melodien und Texten steckt die Sehnsucht nach dem Ende aller Beengtheit. Und in solcher Sehnsucht steckt gleichzeitig eine Hoffnung, eine Vision. Sie öffnet ein Fenster zum Himmel. Sie ist schon Vorschein des Ewigen. Sie hat die Kraft, Beton zu sprengen, Panzertüren zu knacken, die wir um uns aufgebaut haben, um uns gegenüber anderen unempfindlich zu machen. Sehnsucht hält den Horizont über uns offen und setzt uns auf die Spur der Freude. Wer mit seiner Sehnsucht in Berührung kommt, der wird sich frei fühlen, auch wenn alles um ihn herum eng ist. Die alten Lieder des Advents stacheln unsere tiefste Sehnsucht nach wahrem Leben, nach Heimat und Geborgenheit an, wenn wir unsere Worte in unser Herz einsinken lassen. Diese Sehnsucht wird schließlich an eine Quelle des Lebens führen, die in uns selber sprudelt und alle Einengungen sprengt.

„Tauet, Himmel!"

Für mich gehört seit meiner Kindheit das Lied „Tauet, Himmel, den Gerechten" zur Erfahrung von Advent. Als Kind war das Bild des Taus für mich etwas Geheimnisvolles, ein Bild, das das Herz ansprach, dessen Sinn mir aber fremd blieb. Dennoch hat es mich fasziniert, eine tiefe Sehnsucht in mir angesprochen und mir eine Ahnung vermittelt: dass alles besser werden wird, dass da etwas anderes in mein Leben einbricht, durch das es neu wird und richtig. Für die Menschen in Palästina war der Tau ein wichtiges Symbol. Nachts fällt der Tau unmerklich und unsichtbar auf den trockenen Ackerboden. Die Wüste selbst ist morgens mit Tau bedeckt. In der frühen Morgensonne glitzert der Tau. Tautropfen sehen aus wie kostbare Perlen, in denen sich das milde Morgenlicht spiegelt. Bei den Griechen ist der Tau Symbol der Liebe, bei den Persern das der Jungfrau. Der Tau der Liebe befruchtet das verdorrte und vertrocknete Herz. Es beginnt wieder lebendig zu werden. Tau steht für das Zarte, Unberührte, Unversehrte, Makellose. So wie Christus aus der Jungfrau geboren wird, so steht der Tau bei den Persern für die erneuernde und erlösende Kraft Gottes. Gott stellt im Tau das Ursprüngliche dieser Welt wieder her. Wenn die Hitze des Tages das Leben ausgedorrt hat, so fällt in der Nacht der alles erneuernde Tau Gottes auf uns und macht uns frisch. Er lässt neues Leben in uns entstehen. Für die Israeliten war der Tau ein Bild dafür, dass Gott selbst für die Menschen sorgt und das Verdorrte in uns mit dem zarten Tau seiner Liebe befruchtet, dass er neues Leben in uns hervorlockt. Unser Leben wird sich erneuern. Unsere Seele wird wieder froh werden. Die Vorfreude klingt in der Bildwelt des Adventsliedes durch.

Die Wüste wird ergrünen

Der Advent verheißt: Unsere Wüste wird verwandelt. Sie wird beginnen zu blühen. Wir sprechen von einer Betonwüste in unseren Städten, von der Wüste und Ödnis in den menschlichen Herzen. Wüste ist ein Bild für die Einsamkeit, für das Alleingelassenwerden, für Sinnlosigkeit, Beziehungsferne und Leere. Wir sind unbehaust, in uns sind wilde und ungezügelte Kräfte, die unser Gesicht hässlich erscheinen lassen. Die Wüste ist der Ort, an dem wir schonungslos mit uns und unserer widerwärtigen Wirklichkeit konfrontiert werden.

Um den Weg für Gott bahnen zu können, müssen wir uns zuerst einmal hinauswagen in die eigene Wüste. In dieser Wüste unseres Herzens sollen wir ihm den Weg bereiten. Wir müssen all das Verdrängte, das Unterdrückte, das Schattenhafte in uns anschauen und ihm hinhalten. Gerade dort will Gott zu uns kommen, nicht auf den Straßen unseres Erfolgs und unserer Leistungen. Wir möchten Gott gerne außerhalb von uns begegnen, in erbaulichen Gottesdiensten, in der Gemeinschaft von Gleichgesinnten. Doch er will uns gerade in unserer Wüste entgegenkommen. Dort will er uns antreffen, um mit uns das Fest der Erlösung zu feiern, um mit uns eins zu werden und alles in uns zu verwandeln. Nur wenn wir Gott in unsere Wüste hineinlassen, kann Wirklichkeit werden, was Jesaja uns in den Texten verheißt, die in dieser Zeit gelesen werden.

Der Advent verspricht uns, dass wir in unserer Wüste eine Quelle finden, aus der wir trinken können. Die Wüste ist nicht nur der Ort der Leere und Sinnlosigkeit, der Versuchung und Anfechtung. Die Wüste ist auch der Ort der Gotteserfahrung und Gottesbegegnung.

In der Adventszeit können wir den Mut aufbringen, in unsere Wüsten hineinzugehen. Denn dort dürfen wir erfahren, dass Gott uns nahe ist, dass er uns in unseren einsamen Momenten auf seinen Händen trägt. So wie dem Elija, der in der Wüste am liebsten sterben wollte, schickt er jedem seinen Engel. Mitten in der Wüste erfahren wir Gott selbst als den, der auf uns wartet. Die tröstliche Verheißung des Advents: Am Ende der Wüstenerfahrung wird die Freude stehen.

Abenteuer Advent

Andrea Schwarz

Eigentlich kennen wir das aus alten Märchen – und die erzählen in ihrer Sprache und ihren Bildern viel vom Leben: Wer einem „Geheimnis" begegnet – und diesem Geheimnis offen gegenübertritt, sei es die verwunschene Prinzessin, der böse Drache, das Einhorn –, der kann sich auf Abenteuer gefasst machen. Wer Geheimnisse im Leben zulässt, der kann und wird was erleben. Und so kommt es wohl auch nicht von ungefähr, dass das ursprünglich lateinische Wort „Advent" und das englische Wort „adventure", auf Deutsch „Abenteuer", auf die gleiche Sprachwurzel zurückgehen. Wer sich auf das Geheimnis der Menschwerdung Gottes einlässt, wer dem Geheimnis der Weihnacht offen gegenübersteht – der kann und wird was erleben: Abenteuer Advent.

Andererseits: Wer das Geheimnis von Weihnachten verstehen will, der braucht den Advent – der braucht die Zeit, in der wir eingeladen sind, neu leben zu lernen, uns neu auf das Abenteuer Leben einzulassen. Wer Weihnachten feiern will, der braucht diese Wochen, die uns daran erinnern und darauf vorbereiten wollen, was Weihnachten eigentlich für uns bedeutet. Wer Weihnachten wirklich feiern will, der braucht das Abenteuer Advent, damit Weihnachten werden kann.

Advent lässt sich deshalb nur verstehen und entsprechend gestalten, wenn man diese Zeit von hinten her buchstabiert, wenn man von Weihnachten her denkt. Und genauso wenig, wie Weihnachten nur ein Datum in unserem Terminkalender sein will, genauso wenig sind diese Wochen vor Heiligabend lediglich die Zeit vom 1. Adventssonntag bis zum 24. Dezember, genauso wenig sind diese Wochen nur eine Zeit der Plätzchen und des Einkaufens, von Stress und Weihnachtspost und Adventskranz und „Wir sagen euch an" und und und …

Abenteuer Advent – das ist warten und lauschen, ob sich irgendwas tut. Das ist suchen und sich auf den Weg machen. Das ist mitten im Dunkel den Stern sehen und ihm trauen. Das ist träumen und wünschen, hoffen und ersehnen. Das ist sich nicht zufrieden geben mit dem, was ist – das ist sich ausstrecken nach dem, was noch nicht ist, aber was sein könnte. Das ist sehnsüchtig sein nach mehr Leben und Lebendigkeit, das ist Ausschau halten nach Gott in meinem Leben. Das ist staunen können, wach sein, hellwach – und hinschauen, hinschauen auf mein Leben, auf diese Welt.

Und damit fängt das Abenteuer schon an: Das Unsagbare hören, dem Unglaublichen trauen, sich aufmachen, sich auf den Weg machen.

Wer sich dem Geheimnis der Weihnacht nähert, der lässt sich ein auf das Abenteuer, auf das Abenteuer Advent …

Auf Gott warten
Notker Wolf

„Kommt, lasst uns den Herrn anbeten! Er ist der König, der kommen wird." Diesen adventlichen Vers lese ich in meinem Brevier auf einem Flug nach Manila. In der Hauptstadt der Philippinen angekommen, werde ich von unseren Mitbrüdern abgeholt. Im dichten Morgenverkehr kommen wir mit unserem Kleinbus nur schleppend voran.

Ich schaue nach draußen auf die kleinen Läden, sehe ganze Kolonnen von Schülern mit Büchern unterm Arm. Meine Blicke streifen die Seitenstraßen, die windigen Hütten, die mit Jeans, Blusen und T-Shirts behangenen Wäscheleinen. Wir fahren an einem fast ausgetrockneten Flussbett entlang. Der Gestank des Abfalls dringt bis ins Auto. Tausende von Menschen wohnen hier, direkt neben all dem Unrat, und sind vermutlich froh, überhaupt ein Dach über dem Kopf zu haben.

Meine Lippen murmeln weiter: „Kommt, lasst uns den Herrn anbeten! Er ist der König, der kommen wird." Der so vertraute Text kommt mir auf einmal so fremd vor, so fern der Wirklichkeit. Die Menschen hier haben wohl kaum Zeit für Anbetung. Und ob sie auf einen König warten, der kommen soll? Ich weiß es nicht. Die vielen Kleinhändler, sie warten auf Käufer. Die meisten werden wohl mit der Frage beschäftigt sein, was sie am nächsten Tag mit ihrer vielköpfigen Familie essen sollen.

Ich möchte zum Busfahrer sagen: „Halt an! Ich will zu den Leuten gehen und sie fragen, wie sie mit dem Leben zurechtkommen, worauf sie warten, ob es Hoffnung gibt, die sie bewegt, ob es für sie einen König gibt, auf den sie warten?" Es wäre nutzlos. Man würde mich nur fragend anstarren. Was will denn dieser Fremde hier?

Doch gerade in Zeiten, in denen die philippinische Regierung gnadenlos gegen Drogenkriminelle und gegen Islamisten als Antwort auf deren Gräueltaten vorgeht und die Kämpfe im Süden des Landes immer wieder eskalieren, stelle ich mir die Frage: Können die Menschen bei all der Gewalt, die sie umgibt, überhaupt noch auf die Geburt eines göttlichen Kindes hoffen? Immerhin ist die katholische Kirche hier gut angesehen und leistet wertvolle Friedens- und Vermittlungsarbeit.

Die Philippinos sind ein frommes Volk, auch wenn sich Glauben und Aberglauben bei ihnen häufig mischen. Viele haben in der Tat ihren Weg gefunden, Advent zu feiern und ihren Hoffnungen Ausdruck zu verleihen. Sie singen, tanzen und feiern mitten in ihrer Armut und am 24. Dezember werden sie ihre Heiligen durch die mit unzähligen elektrischen Lampen geschmückten Straßen tragen. Aber genügt das?

In unserem Kloster Digos auf der südphilippinischen Insel Mindanao suchen unsere Mitbrüder nach neuen Wegen. Sie haben eine kleine Ambulanz aufgebaut, die Kranke aus den umliegenden Dörfern versorgt. Sie kümmern sich um Drogenabhängige und geistig Behinderte. Die

Kranken, die zuvor in ihren Familien depressiv herumhingen, werden wieder aktiv und arbeiten in der bescheidenen Landwirtschaft mit.

Es ist nichts Großartiges, was unsere Mitbrüder tun. Sie versuchen einfach, den Weg Jesu zu gehen. Sie hegen keinen Weltbekehrungsanspruch. Sie zünden ein kleines Licht der Hoffnung an unter armen Menschen. Hier erlebe ich Advent. Gott kommt nicht mit Getöse. Er bleibt ein Schwacher unter den Schwachen, ein Ohnmächtiger unter den Ohnmächtigen. Aber er ist bei ihnen.

Gott auf dem Weihnachtsmarkt

Susanne Niemeyer

„Chef", ruft der erste aller Engel schon zum zehnten Mal, dabei hat der Tag gerade erst begonnen. Dem Allmächtigen schwant nichts Gutes. Und wie immer in seiner grenzenlosen Voraussicht hat er recht.

„Hier ist noch eine Einladung!"

„Wer ist es diesmal?", stöhnt Gott, der sowohl die Einladung der Vereinigung internationaler Strohsternhersteller als auch das Treffen mit der Liga zum Erhalt der deutschen Tanne abgelehnt hat.

„Es ist der Vorsitzende der Weihnachtsmarktbeschicker", ruft der Engel, sodass es durch die Himmel schallt. Nächste Woche beginnt der Advent. Es herrscht Hochkonjunktur. Jeder will etwas: Weltfrieden, Schnee, eine Playstation.

„Was will er?"

„Er will eine Strategie zur Popularitätssicherung des Weihnachtsfestes besprechen. Die Leute sind seiner Erkenntnis nach weihnachtsmüde. Es braucht eine Modernisierung. Wir sollten da an einem Strang ziehen."

Gott runzelt die Stirn: „Und wie soll das geschehen? Erwartet er, dass ich ein paar Wunder vom Himmel werfe, oder bequemt er sich, zu mir zu kommen?" Die Stimmung ist ein wenig gereizt.

„Das nun nicht. Der Weg wäre ihm doch zu beschwerlich. Gerade in der Weihnachtszeit ist er sehr beschäftigt!"

„Das bin ich auch! Schließlich ist es mein Fest …"

Der Engel lässt sich nicht beirren: „Aber er lädt Euch, Chef, zu einem persönlichen Rundgang auf einem Prädikatsweihnachtsmarkt ein. Damit Ihr Euch ein Bild machen könnt."

„Schreib ihm, das kann er vergessen!"

Der erste aller Engel wäre nicht der Erste, wenn er sich damit abspeisen ließe: „Chef, vielleicht wäre das eine gute Gelegenheit, mal wieder auf der Erde vorbeizuschauen. Es ist ja schon wieder eine Weile her …" Der leise Vorwurf in seiner Stimme lässt sich nicht überhören. Gott seufzt. Er seufzt viel dieser Tage. Zwar lässt er sich ungern von einem Engel belehren, doch in diesem Fall mochte etwas dran sein. Ein Besuch auf der Erde könnte nicht schaden. Und einen Weihnachtsmarkt hat er bislang noch nie besucht. Vielleicht ist das ja etwas Gutes, wenngleich sich nach seiner offenbar unmaßgeblichen Meinung Weihnachten und Markt ausschließen. Sei's drum. „In der Not könnt ihr mich anrufen", hat er versprochen. Und die Weihnachtsmarktbeschicker scheinen sich ja in einer Art Notlage zu befinden.

Am 1. Advent steigt Gott zur Erde hinab. Es ist mild, die Sonne schickt ihre letzten Strahlen und der Allmächtige kommt wieder einmal nicht umhin festzustellen, was für einen schön anzusehenden Planeten er da geschaffen hat.

„Grüß Gott!" Ein mittelalter Anzugträger, auf dessen Krawatte grün-rote Weihnachtsmänner leuchten, erwartet ihn. Gott runzelt die Stirn nach dieser offenkundigen Zurschaustellung seines Kontrahenten. Das fängt ja gut an. „Hätte es nicht wenigstens ein Nikolaus sein können?", eröffnet er das Gespräch.

„Ach", ruft der Mann und klopft ihm jovial auf den Rücken. „Nikolaus, Weihnachtsmann, das kann ja doch keiner mehr unterscheiden. Wir sind immer für die Vereinfachung."

Er beugt sich zu Gott hinüber. „Das verkauft sich besser! Schön, Sie endlich einmal kennenzulernen. Schließlich sind Sie so etwas wie mein Seniorpartner. Haha!"

Der Allmächtige sieht das entschieden anders, beschließt in seiner grenzenlosen Weisheit jedoch, sich zurückzuhalten. Mit Zornesausbrüchen hat er in der Vergangenheit schlechte Erfahrungen gemacht.

„So, dann wollen wir mal! Ich bin übrigens der Dietmar." Dietmar hakt Gott unter. „Schauen Sie sich nur um. Ist es nicht schön? Ist es nicht heimelig? Ach. So liebe ich den Advent!" Gott schaut sich um. Er sieht erwachsene Menschen mit roten Zipfelmützen, an denen Glöckchen bimmeln. Er sieht Schafskäse in Fladenbrot für drei Euro achtzig und Kochlöffel aus Olivenholz. Mit etwas Wohlwollen kann man immerhin einen gewissen Bezug zum Heiligen Land erkennen. Aber was hat der Glühwein mit Weihnachten zu tun? Gott kramt in seiner Erinnerung, kann jedoch in der ganzen Geschichte keine Quelle dafür finden. „Warum trinken die Leute das? Es ist ja nicht einmal kalt."

„Ja, Eure Heiligkeit, oder wie soll ich Sie anreden? Machen wir's doch unkompliziert, so unter Kollegen, ich sage einfach Gott. Jedenfalls sind wir da gleich beim ersten Thema. Wir brauchen mehr Schnee. Sehen Sie, die Leute trinken auch so unseren Glühwein, aber sie tun es murrend. Schnee macht es weihnachtlicher. Und die Leute wollen es weihnachtlich. Sie haben da in der Vergangenheit nachgelassen. Früher war mehr Schnee. Das bestätigt Ihnen jeder. Schauen Sie sich nur mal die Weihnachtsbücher an. Da schneit es immerzu. Also: Bis wann können Sie liefern?"

„Ich bin nicht zuständig für Schnee", antwortet Gott entschuldigend. Mehr fällt ihm nicht ein.

Dietmar zieht ihn schon weiter. „Wie Sie das intern lösen, überlasse ich Ihnen. Sagen wir zum 2. Advent zehn Zentimeter? Zu viel wäre auch nicht gut, dann gehen die Leute nicht mehr vor die Tür."

Sie passieren eine Grünkohl-, eine Schmalzkuchen- und eine Weihnachtsmatjeshütte. Vor einem überdimensionalen Schlitten hält Dietmar an. Eine leicht bekleidete Frau mit reichlich Federn am Körper steht darauf und singt. Sterne blinken im Rhythmus. Gott kneift die Augen zusammen: „Das arme Ding! Hat sie denn keinen Mantel?"

„Das ist unsere Katharina, ein Engel."

„Nicht dass ich wüsste."

„Haha", lacht Dietmar. „Sie sind mir ein echter Scherzkeks. Bleiben wir ernst. Wir brauchen nämlich dringend neue Lieder. ‚Last Christmas' kann keiner mehr hören und Ihre sind auch nicht besser. Immer nur ‚Stille Nacht', das geht nicht. Das will doch keiner. Die Leute wollen feiern, verstehen Sie? Wir brauchen etwas Fröhliches, etwas Eingängiges. Gern mit Romantik, aber nicht zu viel. Ich sag mal: Schmiss sollte es schon haben. Der Text ist übrigens egal."

Gott will einwenden, dass der Advent doch eine eher ruhige Zeit ist, in der man sich vorbereiten kann auf das Fest der Feste. Aber Dietmar zieht ihn schon wieder weiter. „Bis wann können Sie liefern? 3. Advent? Wir bringen das ganz groß raus. Gern auch mit Hinweis auf Sie. Ein bisschen Publicity kann Ihnen doch auch nicht schaden, oder?" Er dirigiert Gott zu einem Stand voller Wollsocken. Daneben werden Fußballfanartikel feilgeboten und Schneekugeln mit Märchenfiguren. „Was soll das alles hier?", fragt Gott. „Was hat das alles mit Weihnachten zu tun?"

„Darauf wollte ich auch schon zu sprechen kommen. Diese Könige. Das ist ja eine schöne Sache, dass die Geschenke bringen. Da lässt sich doch was draus machen. Nur warum um alles in der Welt sind das so wunderliche Dinge? Gold lasse ich mir ja noch gefallen, aber wer weiß denn schon, was Myrrhe ist? Und Weihrauch kann, mal abgesehen von Ihren Priestern, heute auch keiner mehr brauchen."

Dietmar schiebt Gott Richtung Eierpunsch. „Wie wäre es, wenn wir das ändern? Wenn wir das einfach etwas an die Zeit anpassen? Gold, Bratwurst, Mistelzweig. Oder Smartphone, Gutschein, Tagescreme. Das klingt doch auch sehr schön. Schwibbögen gingen ebenso, das überlasse ich Ihnen. Nur verkäuflich muss es sein. Zwei Eierpunsch bitte!"

„Sie meinen", beginnt Gott und kneift die Augen zusammen, in der Hoffnung, etwas klarer zu sehen, „Sie meinen, ich soll die Weihnachtsgeschichte ändern?"

„Ist doch eine Kleinigkeit für Sie", lächelt Dietmar. „Prost!" Er pustet in seine Tasse und ein Schwall Eierpunschgeruch trifft Gott. „Und wo wir schon dabei sind", fährt er fort, „ich hätte da noch ein paar weitere Anregungen. Romantik. Wir brauchen mehr Romantik. Gerade in der Weihnachtszeit. Die Werbung macht es vor, Sie sollten da nachziehen. Machen Sie doch so eine Bachelorgeschichte daraus. Wie die Maria ihren Josef kriegt. So was zieht. Auf den Stall bräuchten Sie gar nicht zu verzichten. Der hat was Rustikales. Nur das Kind, das sollten wir weglassen. Geben wir den beiden ein bisschen Zeit. Lassen wir sie ihr Glück genießen!"

„Sie meinen, ich soll Jesus weglassen?"

„Genau. So heißt doch auch heute kein Mensch mehr." Dietmar leert seine Tasse mit einem großen Schluck. „Und ein Letztes noch: Legen Sie Ihren Totensonntag etwas nach vorn. Sagen wir September. Gestorben wird doch eh immer. Aber unseren Markt, den würden wir gern im Oktober beginnen. So, jetzt muss ich los zu meiner Tombola. Vielen Dank für Ihre Kooperation. Hier, ein Paradiesapfel für Sie. So schmeckt der Himmel auf Erden!"

Dunkelheit senkt sich sanft über die Buden und irgendwo singt ein Kind *O du fröhliche*. Es klingt schief.

Verheißung des Christbaums

Anselm Grün

Zu den alten Ritualen von Weihnachten gehört seit dem 16. Jahrhundert der geschmückte Tannenbaum. Die Tanne, die auch im Winter ihr grünes Kleid behält, ist ein altes Symbol für die göttliche Kraft des Lebens, das sich auch durch die Kälte des Winters nicht besiegen lässt. In der christlichen Tradition soll der Baum als immergrüner Baum und zugleich als Lichterbaum Christus in die Häuser bringen und alle Dämonen der Angst, der Feindschaft und der Eifersucht aus ihnen verbannen. Mitten im kalten und dunklen Winter will er Wärme und Licht in unsere Welt tragen.

Die Christen haben den Tannenbaum an Weihnachten als Paradiesbaum verstanden, von dem die „Früchte des Lebens" gepflückt werden. Die Früchte des Lebens werden in Äpfeln und Nüssen dargestellt, die seit alters an den Baum gehängt werden, oder auch durch Christbaumkugeln, die ein Bild für das Ganze und Heile des Paradieses sind. Der Christbaum ist so ein Reis vom Baum der Gnade, zu dem uns Gott in der Geburt seines Sohnes führt, damit sein Öl unsere Schmerzen lindere.

Der Baum verbindet auf der Ebene der Symbolik Himmel und Erde. Er ist tief in der Erde verwurzelt und zieht aus der Mutter Erde seine Kraft. Zugleich ragt er in den Himmel und entfaltet seine Krone nach oben. So ist er ein Bild des Menschen, wie er sein sollte, wenn er wie ein

Baum verwurzelt ist und doch aufrecht steht wie ein königlicher Mensch mit einer Krone.

Im Christbaum sind einige Züge einer allgemeinen Symbolik von Bedeutung. Da ist einmal die Verbindung zwischen Himmel und Erde. An Weihnachten hat Gott die Grenze zwischen Himmel und Erde aufgehoben, da ist der Himmel mitten auf der Erde sichtbar erschienen. Dann hat sicher das Bild des abgehauenen Baumes, der wieder ausschlägt, Einfluss auf den Christbaum gehabt. Die adventliche Verheißung aus dem Buch des Propheten Jesaja, dass aus dem Baumstumpf Isais ein Reis hervorsprießt, wird hier bildlich dargestellt.

Gerade dort, wo ich gescheitert bin, wo etwas in mir abgeschnitten wurde, wo ein Weg nicht mehr weiterging, da schenkt mir die Geburt Christi die Gewissheit, dass etwas Neues in mir aufbricht, dass etwas in mir heranwächst, was authentischer und schöner wird als alles Bisherige. Der Christbaum ist ein Bild dafür, dass durch die Geburt Christi das Leben in uns für immer siegt und sich durch keine Winterkälte verdrängen lässt, dass der Kampf der Geschlechter gegeneinander überwunden ist. Wenn Gott geboren wird, dann zählt der Gegensatz von Mann und Frau nicht mehr, dann sind alle eins in ihrer göttlichen Natur.

Die Tannenzweige des weihnachtlichen Schmuckes verbreiten einen ganz besonderen Duft. Wenn ich diesen Tannengeruch rieche, dann kommen Gefühle hoch, die ich als Kind an Weihnachten hatte. Da ist dann eine Ahnung, dass unser Haus, dass mein Zimmer durch die Geburt Christi anders geworden ist, dass Gott mir nahekommt und in meinem Haus, in meinem Zimmer wohnt. Und weil das Geheimnis unter uns wohnt, können wir in unserem Haus daheim sein. In der Tanne stellen wir die Wirklichkeit des Waldes, ja der Natur und der ganzen Schöpfung in unser Haus. Da wird der Zwiespalt von Natur und Zivilisation aufgehoben, da ahnen wir, dass wir auch in unseren Häusern teilhaben an der Kraft, die aus der Mutter Erde strömt. Durch die Menschwerdung Gottes wurde die ganze Schöpfung geheiligt. Und wir Menschen haben daran teil.

Schneeflockengeflüster

Christa Spilling-Nöker

Die ersten Adventskerzen leuchteten schon in gemütlichen Stuben, als sich der Himmel in schwarzgelbliches Licht tauchte und die ersten Schneeflocken dieses Winters zur Erde taumelten. Die Kinder jubelten vor Freude, dass sie nun endlich ihre Schlitten herausholen und mit Schneeballschlachten und Schneemännern ihren Spaß haben konnten. Selbst die Erwachsenen waren darüber entzückt, dass sich eine winterliche Landschaft und damit zugleich auch eine vorweihnachtliche Atmosphäre einstellte. Staunend standen sie am Fenster und blickten fasziniert dem immer stärker werdenden Schneetreiben zu.

Es war mittlerweile schon dunkel geworden, als eine kleine Schneeflocke während ihres leichten Falls zur Erde eine andere fragte: „Sag mir, wozu gibt es uns eigentlich? Wir kommen auf die Welt, taumeln zur Erde hinab und bleiben dort für einige Tage liegen. Doch schon die ersten warmen Sonnenstrahlen bereiten unserem kurzen Leben ein jähes Ende."

„Siehst du nicht, wie die Kinder sich über uns freuen, wie vergnügt sie sind, wenn sie mit uns spielen, und wie fröhlich ihr Lachen ist, wenn sie auf uns herumrutschen können?" „Doch natürlich", erwiderte die kleine Schneeflocke. „Hörst du nicht, wie die Erwachsenen den lichten Schein, den wir in die Winternacht bringen, begrüßen und wie sie die Landschaft genießen, wenn wir sie verzaubert haben?" „Doch natürlich", erwiderte die kleine Schneeflocke erneut.

„Dann verstehe ich deine Frage nicht. Du darfst den Menschen auf der Erde für einige Augenblicke Freude und Frohsinn schenken. Du vertreibst den Kummer aus ihren Herzen und lässt sie erwartungsvoll aufatmen. Ist das nicht genug für eine kleine Schneeflocke, um in ihrem Leben einen Sinn zu sehen und dadurch selbst glücklich zu sein?"

Der Traum Gottes

Phil Bosmans

Sich auf Weihnachten vorbereiten heißt, in Stille und Nachdenklichkeit einzutreten in den Traum Gottes von einer Erde, als sie noch ein Paradies war, von der Zeit, bevor Kain seinen Bruder Abel erschlug.

Gott träumte von einer Welt, in der Menschen miteinander wie wahre Geschwister leben, keine Armen und keine Unterdrückten mehr, keine Verfolgten und keine Flüchtlinge mehr, keine Einsamen und keine Ausgegrenzten mehr.

Gottes Traum war ein fantastischer Traum. Aber er wurde von Menschen zerschlagen. Und dennoch hat Gott in jedes Menschenherz Heimweh nach dem verlorenen Paradies gelegt, Heimweh nach etwas Glück auf Erden. Ja, er kommt selbst auf die Erde, um seinen Traum zu verwirklichen.

Himmlische Wesen

Begnadet

Christa Spilling-Nöker

Flüchtig nur
berühren sie
meine Seele,
die Boten
einer ganz anderen Welt.
Doch sie hinterlassen
Spuren
heiligen Glanzes,
behutsam
streifen mich
ihre hellen Gewänder,
sanft
durchklingen mich
ihre Lieder
und ich bleibe
verwandelt
und begnadet
zurück.

Fürchtet euch nicht!

In derselben Gegend waren Hirten auf dem Feld, die bei ihrer Herde Nachtwache hielten. Da trat der Engel des Herrn zu ihnen, und die Herrlichkeit des Herrn umstrahlte sie, und sie fürchteten sich sehr. Der Engel aber sagte zu ihnen: Fürchtet euch nicht! Denn ich verkünde euch eine große Freude, die dem ganzen Volk zuteil werden soll. Heute ist euch in der Stadt Davids der Retter geboren, nämlich der Messias, der Herr. Und dies soll euch das Zeichen sein: Ihr werdet ein Kind finden, in Windeln gewickelt und in einer Krippe liegend. Und plötzlich war bei dem Engel eine Menge himmlischer Heerscharen, die Gott lobten und sprachen: Herrlichkeit in den Höhen für Gott und auf der Erde Friede den Menschen seines Wohlgefallens! Als die Engel von ihnen in den Himmel gegangen waren, sagten die Hirten zueinander: Lasst uns nach Betlehem gehen und sehen, was geschehen ist und was der Herr uns kundgetan hat. Sie kamen eilends hin und fanden Maria und Josef und das Kind, das in der Krippe lag. Als sie es sahen, berichteten sie von dem Wort, das ihnen über dieses Kind gesagt worden war. Und alle, die es hörten, wunderten sich über das, was ihnen von den Hirten erzählt wurde. Maria aber bewahrte alle diese Worte und erwog sie in ihrem Herzen. Die Hirten kehrten zurück, priesen und lobten Gott für alles, was sie gehört und gesehen hatten, so wie es ihnen gesagt worden war.

Lukas 2,8–20

Der Engel, der die Freude verkündet

Anselm Grün

Es sind zweierlei Engel, von denen uns Lukas in seiner Weihnachtsgeschichte erzählt. Der erste Engel ist der Engel, der den Hirten die große Freude verkündet, die dem ganzen Volk zuteilwerden soll, weil der Retter, der Messias, geboren ist. Das ist wohl ein wesentliches Bild für den Engel. Durch ihn kommt Freude in diese Welt. Er verwandelt die Welt. Die Nacht der Hirten wird hell vom Glanz, der vom Engel ausgeht. Die Hirten, die Nachtwache bei ihrer Herde halten, erinnern uns an die schlaflosen Nächte, in denen wir uns hin und her wälzen, in denen wir vor lauter Grübeln nicht einschlafen können, in denen Angst und Verzweiflung uns den Schlaf rauben. Die schlaflose Nacht wird hell. Die Sinnlosigkeit unseres Grübelns wird beantwortet durch den Retter und Heiland, der uns errettet aus Angst und Verzweiflung, der unsere Wunden heilt. Was den Hirten bei ihrer Nachtwache geschieht, das kann auch heute immer wieder Wirklichkeit werden, nicht nur an Weihnachten, sondern immer, wenn unsere Nacht sich wandelt, wenn die Dunkelheit unseres Herzens hell wird und unser aufgezwungenes Wachen eine Antwort erhält.

Erwachsene erzählen mir, wie sie als Kinder oft nächtelang wach gelegen sind. Sie zweifelten an der Liebe der Eltern. Sie wussten nicht mehr ein noch aus. Alles, was sie machten, war verkehrt. Sie konnten es den Eltern nie recht machen. Sie lagen wach, weil sie Angst hatten, die Eltern würden wieder streiten, der Vater könnte die Mutter schlagen oder die Eltern könnten sie verlassen. Dann wären sie mutterseelenallein. Wenn in solche Nächte ein Engel tritt und die große Freude verkündet, dass da ein Heiland geboren wird, der ihre Ängste heilt, dann wird das Kind wieder ruhig. Dann kann es schlafen. Der Engel wacht für es. So braucht es selbst nicht mehr zu wachen. Ilse Aichinger hat in ihrer Erzählung „Engel in der Nacht" aus dem Jahre 1949 geschildert, wie zwei Schwestern, 7 und 15 Jahre alt, sich nach der Erfahrung des Engels sehnen, um ihr hoffnungsloses Alleinsein und Unverstandensein zu überwinden. In dieser Erzählung klingt die eigene Erfahrung als halbjüdisches Mädchen im Dritten Reich an. Dort war Ilse Aichinger wirklich alleingelassen. Dort hat man ihr die Kindheit gestohlen. Der einzige Weg, sich in dieser Nacht der Brutalität und Verfolgung zu behaupten, war der Glaube an den Engel. „Besser keine Welt als eine ohne Engel", sagt die jüngere Schwester. Aber ihre Welt wird zerstört. Und die ältere Schwester, die der jüngeren Engel sein will, endet im Wahn und begeht Selbstmord. Für viele Kinder ist der Glaube an den Engel, der Licht in die Nacht bringt und Freude in die Trostlosigkeit, überlebensnotwendig. Nur weil der Engel die Nacht erhellt, kann das Kind sie aushalten. Nur weil der Engel die große Freude verkündet, können sie die Trostlosigkeit und Hoffnungslosigkeit ihres Alltags bestehen.

Neben dem Engel der Verkündigung erscheint in der Weihnachtsgeschichte ein ganzes Heer von Engeln, die

Gott loben und den Menschen den Frieden verkünden. Sie werden in der bildenden Kunst oft als kindliche Engel dargestellt, die voller Lebensfreude auf ihren Instrumenten blasen oder mit vereinten Kräften zur Freude Gottes und der Menschen singen. Hier wird etwas von der Leichtigkeit des Seins sichtbar, die die Engel verkörpern. Durch die Engel wird alles leichter, lichter, froher. Da kann man wieder singen. Kinder singen oft, wenn sie allein sind, wenn sie sich in der Nacht ihres Lebens einsam fühlen, wenn sie von den Eltern alleingelassen werden. Singen ist für sie Therapie. Da kommen sie in Berührung mit einer anderen Welt, mit einer Welt der Freude und der Ausgelassenheit. Manche Kinder können nur überleben, wenn sie gegen das Geschrei ihres jähzornigen Vaters oder gegen das ständige Herumnörgeln der Mutter ihre eigenen Lieder singen. In ihrem Singen grenzen sie sich ab vom negativen Lärm ihrer Umwelt und spüren in ihrem eigenen Herzen eine Freude, die ihnen niemand nehmen kann. Die therapeutische Funktion des Singens gilt nicht nur für Kinder. Auch für Erwachsene kann es heilsam sein, wenn sie die kindlichen Engel der Freude wieder in sich einlassen und es wagen, in der Badewanne oder beim Kochen oder Spazierengehen vor sich herzusingen. Wir hatten einen Tünchner, der im Kirchenchor sang. Er hat auch oft bei der Arbeit gesungen. Da war die Arbeit nicht mehr Last, sondern Lust. Da standen ihm seine eigenen Probleme nicht mehr im Weg, da eröffnete ihm das Singen einen Weg zum Leben und zur Freude.

Die Weihnachtsengel, so meint Pietro Bandini, bilden eine „Verschwörung der Liebe". Die Weihnachtsengel verbinden Himmel und Erde miteinander, Göttliches und den Menschen, die Hirten und das neugeborene Messiaskind. Auch sie haben wie Gabriel eine erotische Ausstrahlung. Künstler haben die Weihnachtsengel oft als erotische kindliche Gestalten mit Flügeln dargestellt. Engel existieren ja im Zwischenbereich zwischen der göttlichen und menschlichen Welt. In ähnlicher Weise ist die Erotik ein Zwischenbereich zwischen Menschen, zwischen Mann und Frau. Da strömt es hin und her. Die weihnachtlichen Engel öffnen uns den Himmel und geben uns das Gefühl, dass es zwischen Gott und Menschenwelt hin- und herströmt, dass da ein Strom der Liebe hin- und herfließt. Das beflügelt unsere Seele. Die erotische Ausstrahlung der Weihnachtsengel wirkt heilend und belebend auf unsere Seele. Die Engel öffnen unsere Seele für eine andere Welt, für die Welt der göttlichen Liebe, die sich bis in unsere Nacht und Dunkelheit hinabneigt. Wenn zwei Menschen sich verlieben, eröffnet sich für sie auch eine neue Welt. Die Weihnachtsengel vermitteln uns, dass zwischen Gott und uns eine ähnliche Liebe strömt wie zwischen Verliebten. Wenn wir sie in uns einlassen, dann wird unser Leben erneuert, dann werden wir auch als Erwachsene noch von Weihnachten verzaubert und trauen trotz aller Enttäuschung der Liebe, die mit den Weihnachtsengeln in unsere Welt hineinstrahlt.

Der unerklärliche Engel

Susanne Niemeyer

Man muss es aushalten können, das Unerklärliche. Man muss mit dem Unverfügbaren leben können. Wenn es Ihnen schon den Tag vergällt, weil der Bäcker Ihr Lieblingsbrot nicht mehr hat, dann werden Sie es schwer haben. Vielleicht zu schwer. Ich meine ja nur. Ich will Ihnen nicht zu nahe treten. Vielleicht essen Sie gar kein Brot. Weizen soll ja auf einmal schädlich sein. Belegen können Sie das nicht, obwohl es da bestimmt Studien gibt. Sie haben so ein Gefühl, dass es Ihnen besser geht ohne Brot. Ansonsten glauben Sie nur, was sich beweisen lässt. Als ob Sie Mathematiker wären oder Physiker. Als ob Sie die Stringtheorie verstünden. Trotzdem vertrauen Sie darauf, dass es sie gibt. Weil ein anderer sie beweisen kann. Ich vertraue darauf, dass ein anderer glauben kann. Warum sollte das weniger Gewicht haben? Wenn einer sagt, er habe einen Engel gesehen und dieser Engel habe sein Leben verändert oder vielleicht auch nur einen Moment in seinem Leben, dann könnte das ein Hinweis sein. Dass mir das auch passieren könnte. Wie gesagt. So ein Engel ist unverfügbar. Man kann ihn nicht buchen. Sie können nicht fordern, dass er sich Ihnen jetzt, genau jetzt zeigen soll, damit Sie an ihn glauben. Sie haben nicht die Macht. Der Größte sind nicht Sie. Damit müssen Sie leben. Sie müssen vertrauen, dass er kommt. Aber Sie vertrauen ja auch der Deutschen Bahn. Selbst wenn die Tafel bereits 25 Minuten Verspätung anzeigt, harren Sie weiter aus.

Die Gläubigen sind die Mutigen. Ich rechne mit dem Unberechenbaren. Es begegnet einem so oft. Ich habe einen Engel gesehen. Als mein Vater starb, saß ich im Zug. Ich hatte gerade die Nachricht erhalten. Es war eine fürchterliche Nachricht, sie riss meinen Alltag entzwei. Da lag noch das aufgeschlagene Buch. Der Schaum auf dem Kaffee löste sich auf. Die Wirklichkeit hatte ihr Programm gewechselt, ohne mich zu fragen. Der Zug fuhr einfach weiter. Ich fiel in einen Sekundenschlaf. Da sah ich, wie der Engel meinen Vater hochhob. Sie schwebten hinauf, es sah leicht aus. Mein Vater lachte, er lachte wie ein Junge. Sein Haar war lockig.

Ich erwachte wieder. Der Zug ruckelte, ich musste nach Hause.

Sie sagen: schön. Ein schöner Traum zur rechten Zeit. Kein Engel. Woher wollen Sie wissen, dass das nicht dasselbe ist? Ich hätte ja auch von sauren Gurken träumen können.

Es passiert so viel, das nicht erklärbar ist. Und damit meine ich nicht grundsätzlich unerklärlich. Ich meine, dass etwas geschieht an einem ganz bestimmten Ort zu einer ganz bestimmten Zeit. Dass sich ein Bild oder ein Mensch oder eben ein Traum vor Ihre Augen schiebt und die Wirklichkeit verschiebt, ein paar Millimeter nur, aber Sie wissen, was Millimeter bedeuten. Beim Bau einer Brücke zum Beispiel oder wenn Sie Weitspringer sind.

Sehen Sie, ich bin ein nüchterner Mensch. Schwärmereien liegen mir nicht, im Gegenteil, sie sind mir sogar ein bisschen peinlich. Ich glaube, es ist nicht von Nachteil, nüchtern zu sein, wenn man einen Engel sehen möchte. Vielleicht ist es sogar von Vorteil. Ich brauche nicht den Nebel eines Räucherstäbchens. Alkohol macht mich müde. Ich glaube, es reicht, wach zu sein. Ganz wach.

Wie gesagt, es gehört Mut dazu. Sie müssen aushalten können, was Ihnen begegnet. Auch das Nichts. Es wird anders sein, als Sie denken.

Vom Engel, der das Herz erwärmt
Christa Spilling-Nöker

Es war Sonntag und an diesem Tag hatten selbst die Engel, die nicht gerade zum Dienst auf der Erde eingeteilt waren, frei. Zwei von ihnen, Benedikt und Lucius, lungerten nach dem gemeinsamen morgendlichen *Halleluja* auf einer Wolke herum. Weil sie nichts Besseres zu tun hatten, lagen sie mit ausgebreiteten Flügeln da und guckten durch ein Wolkenloch auf die Erde hinab. Es war kurz vor Weihnachten und sie waren neugierig, wie die Menschen ihre Zeit in diesen andächtigen, stillen Wochen vor dem Weihnachtsfest verbrachten. Ihre Blicke schweiften mal hierhin, mal dorthin, bis Lucius seinen Freund anstieß: „Sieh mal, da hinten rechts, da haben sie einen Weihnachtsmarkt aufgebaut." Benedikt brauchte eine Weile, bis auch er den beleuchteten Weihnachtsbaum erblickte, um den zahllose Buden errichtet worden waren. Unendlich viele Bratwürste wurden verkauft und ein Akkordeonspieler spielte gerade *Stille Nacht*. Vor allem an den Glühweinständen herrschte ein munteres, um nicht zu sagen, lautstarkes Treiben. „Von Stille keine Spur", brummte Benedikt.

„Allerdings. Und hast du das schon gesehen? Das ist doch die Höhe!", sagte Lucius entsetzt. „An vielen Ständen hängen Engelfiguren herum: aus Holz, aus Folie und sogar aus Stroh." „Das ist allerdings empörend", musste ihm Benedikt recht geben. „Anstatt nach unserer wahren Wirklichkeit zu fragen, schaffen sie sich Figuren, die mit uns nichts mehr zu tun haben. Was denken sich die Menschen dabei?" „Nichts", lautete die Antwort, „wie bei so vielem, was sie tun."

Eine Weile war es still. Benedikt war gerade ein wenig eingenickt, als Lucius ihn so heftig anstieß, dass er fast von der Wolke gepurzelt wäre. „Was gibt es denn so Wichtiges, dass du mich dafür aus meinen himmlischen Träumen reißen musst?", fragte er ein wenig unwirsch. „Sieh doch mal genau hin!" Lucius war ganz aufgeregt. „Sie haben neben dem Weihnachtsbaum ein Marionettentheater aufgebaut. Eben haben sie damit begonnen, die Weihnachtsgeschichte zu spielen." „Ist doch gut, dass sie sich überhaupt noch daran erinnern." „Aber doch nicht so!" Lucius war empört. „Alle Figuren hängen an Fäden; sie sind nichts anderes als Marionetten." „Dazu machen die Menschen sich doch auch ständig. So sind sie eben. Seit zweitausend Jahren haben wir versucht, sie dazu zu bewegen, freie und für sich selbst verantwortliche Persönlichkeiten zu werden, aber mit welchem Ergebnis?", antwortete Benedikt schläfrig.

„Du hast schon recht. Dass sie sich selbst zu Marionetten machen, ist ihre Sache, aber dass sie auch vor Engeln nicht haltmachen, ist skandalös."

Mit einem Mal war Benedikt hellwach. „Vor uns auch nicht?", fragte er ungläubig.

„Da, jetzt ziehen sie gerade an den Fäden des Verkündigungsengels. Und gleich wird irgendjemand hinter der Kulisse rufen: ‚Ich verkündige euch große Freude!'"

„Aber von der wirklichen Freude, die wir ihnen einst in Betlehem verheißen haben, die ganz tief ins Herz fährt und ihr Leben von innen her erhellt und erneuert, begreifen sie gar nichts", sagte Benedikt. „Da muss man doch was machen!" Lucius war ganz aufgeregt.

„Und was, bitte schön?"

„Warte es nur ab!"

Bevor Benedikt sich's versah, war Lucius auch schon in der Tiefe verschwunden. Es gab einen Aufschrei, als das Publikum bemerkte, dass alle Fäden der Marionetten gekappt waren und die Figuren unsanft in sich zusammensanken und auf die Bühne fielen. Nur eine Engelfigur, gerade die von ganz oben, purzelte vor dem Stand auf den Boden. Schnell bückte sich eine alte Frau und hob sie auf. „Was für ein Geschenk des Himmels", hörte Lucius die Frau sagen, während sie die Figur unter ihr Cape steckte. Die klaut doch tatsächlich einen Engel, durchfuhr es Lucius. Das ist ja unerhört. Doch dann besann er sich. Vielleicht hat sie die Hilfe des Himmels dringend nötig und klammerte sich nun an diese Figur?

Er flog der alten Frau unsichtbar hinterher. Es dauerte eine Weile, bis beide in der Vorstadt angekommen waren, wo die Frau in einem ärmlich anmutenden Haus wohnte. Da verschlossene Türen für Engel kein Hindernis sind, konnte Lucius ohne Probleme in das kärgliche Zimmer der Frau eintreten. „Puh, ist es hier kalt", sagte die alte Frau und gab noch eine Schippe Kohle in den Ofen. Dann setzte sie sich ihre Brille auf, kramte Nadel und Faden heraus, ließ sich in ihren Ohrensessel fallen und begann, die Fäden der Engelsfigur glatt zu ziehen und zu reparieren, bis die Marionette schließlich wieder völlig hergestellt war. „Ich bin so froh, dass du da bist", sprach sie mit der Figur. „Jetzt siehst du wieder aus wie ein Engel. Und ich bin nicht mehr so allein." Bei diesen Worten liefen ihr Tränen über das müde Gesicht.

Sie leidet unter ihrer Trauer und Einsamkeit, dachte Lucius. Wenn sie sich doch an all das Schöne und Beglückende erinnern würde, das sie in ihrem Leben erfahren hat, und zugleich der göttlichen Liebe vertrauen könnte, die sie behütet. Was wäre das für ein Segen. Schließlich hielt er den Kummer der alten Frau nicht länger aus. Aus seinem Innersten leuchtete so viel Licht und Liebe, wie ihm nur möglich war. Die alte Frau schaute verwundert auf. Es ist plötzlich so mollig und hell geworden, dachte sie. Ob ich zu viel Kohle aufgelegt habe? Ich fühle mich mit einem Mal so wohl. All meine Ängste sind in diesem sonderbaren Licht ganz klein geworden. Staunend, aber auch ein wenig hilflos, sah sie sich in ihrem Zimmer um. „Kommt das Leuchten von dir?", fragte sie die Marionette. Diese gab keinen Ton von sich. Ob es vielleicht doch himmlische Kräfte und Mächte gibt, die einen mit den eigenen Quellen inneren Lichts in Berührung bringen, sodass alles wieder hell und heil wird?, überlegte sie weiter. „Ja", hauchte ihr Lucius da voller Zärtlichkeit mitten ins Herz.

Ein Engel namens Chantal

Andrea Schwarz

In einer Predigt im Advent erzählte unser Pfarrer von der Begegnung mit einer 94-jährigen Frau bei der Krankenkommunion. Beim Verabschieden fragte sie ihn: „Glauben Sie an Schutzengel?" Na ja – was will man als Pfarrer da antworten? Irgendwie ja schon… „Und wissen Sie, was ein Schutzengel ist?", fragte die Frau weiter. Der Pfarrer sah sie fragend an. „Wissen Sie", sagte die Frau, „der Schutzengel ist nicht außen irgendwo, der ist in uns drin – damit wir Engel für andere sein können – und andere wiederum Engel für uns!" Es gibt manchmal Stellen im Gottesdienst, da bekomme ich Gänsehaut – das war so eine.

Am Sonntag war dann das Krippenspiel der Kindertagesstätte in St. Michael. Die Geburt Jesu wurde erzählt aus der Sicht von Tieren, mit mitreißenden Liedern, und die Kinder hatten teilweise viel Text gelernt. Es war wunderschön – aber am meisten berührte es mich, als eine Erzieherin einen großen Kinderwagen hereinschob, in dem Chantal lag. Chantal ist eines der Integrationskinder in der Kindertagesstätte und mehrfach behindert. Sie hatte die Rolle des Engels übernommen, hatte ein weißes Gewand an und große dicke Engelsflügel ragten links und rechts am Kinderwagen hervor. Ein Engel mit Handicaps …

Eine 94-jährige Frau und ein fünfjähriges behindertes Mädchen haben mir in diesem Jahr die Weihnachtsbotschaft gebracht. Die Engel, die die Geburt Jesu verkünden, sind nicht strahlend und groß und prächtig, sondern die sind unscheinbar, mit leicht zerzausten Engelsflügeln und alles andere als perfekt. Engel mit Handicaps halt – so wie wir alle. Keiner von uns ist vollkommen, jeder hat seine Behinderungen, die einen eher verborgen, die anderen offensichtlicher. Und doch – es ist unser Job, trotz all dem Engel für andere zu sein.

Oder sollte man es vielleicht doch andersherum sagen? Das Geschenk Gottes an uns ist, dass er uns trotz allen Handicaps zutraut, solch ein Engel für andere zu sein.

Was die Engel verkünden

Anselm Grün

Als Jesus in Betlehem geboren wurde, verkündeten die Engel den Frieden. Dieser Friede ist nicht nur ein innerweltlicher Friede, sondern er hat seine Wurzeln in der Herrlichkeit Gottes, die sich in der Menschwerdung seines Sohnes auf die Erde herabgesenkt hat. Der Friede, den Christus durch seine Geburt uns bringt, bedeutet nicht nur das Vermeiden innerweltlicher Kriege. Er meint vielmehr ein Heilsein des ganzen Menschen in allen seinen Bezügen. Er meint, dass ein Mensch ganz einverstanden mit sich sein kann, weil er sich von Gott ganz und gar geliebt weiß. Durch die Geburt Gottes als Kind kann der Mensch mit sich selbst in Einklang kommen. Da spürt er, dass Menschsein nicht mehr Entfremdung, Abgeschnittensein vom göttlichen Wurzelgrund ist, so wie Plato es gesehen hat. Wenn Gott Mensch wird, dann kann der Mensch sich selbst vorbehaltlos bejahen, dann entdeckt er seine göttliche Würde. Und dieses Einverstandensein mit sich ermöglicht uns auch den Frieden mit der Schöpfung und den Frieden mit anderen Menschen. Sie sind nicht mehr unsere Feinde. Wenn sie uns befeinden, wünschen wir ihnen den gleichen Frieden, den wir in unserem Herzen erfahren.

Dass auf der Erde Friede sei, ist der zentrale Weihnachtswunsch. Nicht nur in den Festreden ist davon die Rede, auch in der weihnachtlichen Liturgie ist Frieden das zentrale Thema. Schon die erste Weihnachtsvesper beginnt mit der Antiphon „Rex pacificus" („Friedenskönig"). Die Engel loben Gott auf dem Hirtenfeld mit dem weihnachtlichen Gesang: „Ehre sei Gott in der Höhe und Friede auf Erden den Menschen seiner Gnade" (Lukas 2,14). Durch die Geburt Jesu wird der Lichtglanz, der Gott im Himmel gebührt, auf Erden sichtbar. Und wenn Gottes Herrlichkeit unter uns Menschen erscheint, dann ist die Kluft zwischen Gott und Mensch aufgehoben, dann ist Friede zwischen Gott und Mensch. Und dieser Friede ermöglicht auch den Frieden unter den Menschen. Denn nur der sich selbst und Gott entfremdete Mensch ist unfähig zum Frieden. Sobald er mit sich zufrieden ist und mit Gott im Frieden lebt, wird er auch mit seinen Brüdern und Schwestern Frieden halten.

Der Friede von Weihnachten ist kein bloßer Appell an unseren guten Willen, wir sollten uns doch vertragen. Vielmehr ermöglicht uns die Menschwerdung Gottes wahren Frieden. Wenn Gottes Liebe unsere menschliche Natur durchdringt, dann spüren wir: Es gibt nichts in uns, das nicht von göttlicher Liebe und Klarheit durchdrungen ist. Alles in uns ist von Gott angenommen, erfüllt von seiner zärtlichen Liebe, die in dem Kind in der Krippe aufleuchtet. Wenn wir daran glauben, dann erleben wir uns anders. Dann müssen wir nicht friedlich tun, weil das zu Weihnachten gehört, dann schafft Weihnachten in uns Frieden und Versöhnung.

Zum Glück gibt es Engel
Phil Bosmans

Engel sind Menschen, die mit einem Lichtstrahl ins Leben treten, wenn es finster ist, die einen Funken Freude aus dem Paradies bringen. Sie leben und arbeiten für Menschen, die weniger Glück hatten. Sie zählen nicht die Stunden, sie fragen nicht nach Lohn. Ihre Liebe zu den Menschen ist größer. Wenn sie nicht wären, blieben viele allein mit der Last ihrer Sorgen und ohne Hilfe.

Du hast ein Problem. Es geht nicht mehr. Da erhält über eine unsichtbare Antenne irgendjemand den Impuls, dich anzusprechen, dir gut zuzureden, einen Wink zu geben, zum rettenden Schritt zu verhelfen.

Zum Glück gibt es noch Engel.

Wieder geht ein Tag zu Ende
Teresa Zukic

Wieder geht ein Tag zu Ende.
Für manche war er besonders schön,
für andere ganz gewöhnlich,
für manche schwer.

Ich wünsche Dir immer einen Engel,
der in Dein Leben einbricht,
wenn Du Dir verlassen vorkommst,
Dich ungerecht behandelt fühlst.

Wenn eine Kränkung in Dir nagt,
wenn Du zu müde bist,
zu reden,
zu diskutieren,
sogar zu essen.

Ich wünsche Dir einen Engel,
der nie aufhört Dir zuzuflüstern:
„Du bist unendlich geliebt."
Wenn Du Sorgen hast,
flüchte Dich unter die Flügel
eines Engels.

Licht in der
Finsternis

Unvorstellbar
Phil Bosmans

Unvorstellbar: eine Welt ohne Licht. Licht am Tag scheint selbstverständlich. Gegen das Dunkel der Nacht gibt es Straßenlaternen und zu Hause drücken wir auf den Lichtschalter. Aber es gibt im Leben auch Dunkelheiten, die wir nicht im Handumdrehen loswerden: Ängste, Sorgen, Schmerzen, Schicksalsschläge.

Manchmal hellt sich das Dunkel von selbst auf, manchmal ist ein Freund ein Helfer in der Not oder eine Freundin wie ein rettender Engel. Man muss ja nicht alles schwarzsehen. Immer wieder gibt es Lichtblicke. Am Ende werden wir staunen über das unvorstellbare Wunder an Licht, das der Todesnacht folgt.

Eine Liebe, die das Herz erhellt

Anselm Grün

Seit jeher haben Kerzen eine eigenartige Anziehung auf Menschen ausgeübt. Sie symbolisieren Licht und damit Leben. Nicht nur in der Adventszeit setzen wir uns gerne vor eine brennende Kerze, um in ihrem Licht Ruhe zu finden.

Das Kerzenlicht ist ein mildes Licht. Anders als eine grelle Neonbeleuchtung lässt es manches im Dunkel. Da gibt es Licht und Schatten. Und das Licht ist warm und angenehm. Die Kerze ist keine funktionelle Lichtquelle, die alles gleichmäßig ausleuchten muss. Vielmehr spendet sie ein Licht, das die Qualität des Geheimnisvollen, des Warmen, des Liebevollen in sich birgt. Im Kerzenlicht kann man sich selbst anschauen, ohne alles in sich ausleuchten zu müssen. Da sehe ich mit einem milden Auge auf meine oft so harte Realität. In diesem zarten Licht wage ich es, mich wahrzunehmen und mich Gott hinzuhalten. Da kann ich mich selbst annehmen.

Das Licht der Kerze erhellt nicht nur, es wärmt auch. Es bringt mit der Wärme Liebe ins Zimmer. Es erfüllt das Herz mit einer Liebe, die tiefer und geheimnisvoller ist als die Liebe der Menschen, mit denen wir uns verbunden wissen. Wer dieses Licht in sein Herz dringen lässt, kann sich vorstellen, dass wir ganz und gar geliebt sind, dass die Liebe alles in uns liebenswert macht. Das Licht der Kerze entsteht, indem das Wachs verbrennt. Das ist ein Bild für eine Liebe, die sich verzehrt. Sie kann sich verzehren, weil genügend Wachs vorhanden ist. Sie braucht nicht zu sparen. Aber manchmal muss man den Docht zurechtschneiden. Sonst wird die Flamme zu hoch und rußt. Es gibt auch eine Liebe, die zu laut ist, in der wir uns verausgaben. Sie tut dann nicht nur uns selbst, sondern auch dem anderen nicht gut. Er spürt den Ruß in der Liebe, die Nebenabsichten, das zu sehr Gewollte und Gemachte, das nicht erhellt, sondern eher einrußt.

Die Kerze besteht aus zwei Elementen: zunächst einmal aus der Flamme, die das Geistige symbolisiert, da sie zum Himmel emporsteigt. Von Mönchsvätern in der Wüste wird erzählt, dass ihre Finger beim Beten zu Feuerflammen wurden. So ist die brennende Kerze ein Bild für unser Beten. Es ist ein beliebter Brauch, dass Pilger am Wallfahrtsort eine Kerze entzünden und sie auf den Altar oder vor eine Marienstatue stellen. Sie drücken damit ihren Glauben aus, dass ihr Gebet weitergeht, solange die Kerze brennt. Und sie hoffen, dass durch ihr Gebet Licht in ihr eigenes Leben kommt und in das Herz der Menschen, für die sie diese Kerze anzünden. Der Mesner der Autobahnkirche bei Baden-Baden hat mir erzählt, wie viele Menschen täglich ein Licht vor der Marienstatue anzünden. Da kommen viele, die sonst nicht mehr in die Kirche gehen. Aber eine Kerze möchten sie doch anzünden für jemand anderen. Da haben sie den Eindruck, sie könnten noch etwas für den anderen tun und ihre Verbundenheit ausdrücken. Auch wenn ihnen das Beten schwerfällt, die brennende Kerze ist eine Art Gebet ohne Worte. Dieses wortlose Gebet ist ihnen noch möglich. Das ist die tiefste Sehnsucht, wenn wir eine Kerze für einen anderen entzünden: Wir wünschen ihm, dass sein Leben heller und wärmer wird, dass die Liebe Gottes die Kälte in ihm überwinde und dass das Licht alles Dunkle vertreibe.

Für die frühe Kirche war die Kerze ein Symbol für Christus, der zugleich Gott und Mensch ist. Das Wachs ist Bild für seine menschliche Natur, die für uns verzehrt wurde, da er sich aus Liebe für uns hingab. Und die Flamme steht für seine Göttlichkeit. So erinnern uns die Kerzen, die wir im Advent und an Weihnachten anzünden, auch an das Geheimnis der Menschwerdung Gottes in Jesus Christus. In der Kerze ist Christus selbst mitten unter uns. Und wir können durch sie spüren: Es ist Christus, der mit seinem Licht unser Haus und unser Herz erhellt und es mit seiner Liebe erwärmt. Die Göttlichkeit Jesu leuchtet gerade in seiner menschlichen Natur auf. So verweist die Kerze auch auf ein Geheimnis unserer eigenen Menschwerdung. In unserem Leib möchte Gottes Licht in dieser Welt aufstrahlen. Wir können zum Licht für andere werden, das wie die Kerze einen milden Schein wirft auf alles, was sie in sich selbst nicht anschauen möchten. Dann werden wir wie die Kerze für sie zu einer Quelle des Lebens und der Liebe.

Wir zünden jedoch nicht nur eine Kerze an, um zu beten oder zu meditieren. Auch wenn wir ein feierliches Mahl halten, zünden wir eine Kerze an. Die Kellner in vornehmen Gaststätten zünden die Kerze an, sobald sich Gäste an den Tisch setzen. Wir zünden Kerzen an am Geburtstag eines Kindes. Auch wenn der Sohn oder die Tochter schon erwachsen ist und weit weg wohnt, zünden wir an ihrem Bild eine Kerze an, um an sie zu denken. Es gibt viele Gelegenheiten, bei denen wir Kerzen anzünden. Es wäre gut, wenn wir das Anzünden selbst zu einem Ritual machen würden: Ich zünde bewusst diese Kerze an, damit es heller und wärmer wird in mir, in den Menschen, für die ich die Kerze anzünde, und für die Menschen, die sich um diese Kerze versammeln.

Den Stern im Blick behalten
Andrea Schwarz

Oft genug passiert es, dass wir uns in den Kleinigkeiten unseres Alltags verlieren und nur noch auf die Realitäten schauen. Sogar unsere Träume und Wünsche ergeben sich eher aus den Defiziten unseres Alltags als aus Visionen. Würden wir heute überhaupt einen neuen Stern sehen, der an unserem Horizont aufgeht? Und – die viel spannendere Frage – wäre ich bereit, aufzubrechen und diesem Stern zu folgen?

Was waren denn mal meine Visionen, meine Träume? Weshalb habe ich mich engagiert? Und was ist daraus geworden? Hab ich mich erfolgreich eingerichtet – oder wäre ich, wie die drei Weisen aus dem Morgenland, bereit, mich neu auf die Suche zu begeben?

Leonardo da Vinci sagte einmal: „Binde deinen Karren an einen Stern!" – könnte es sein, dass ich meinen Karren irgendwo in der Tiefgarage geparkt habe? Den Karren, alle meine Bündel, aus dem Dunkel hervorkramen und sie neu an einen Stern binden … notfalls die Parkhausgebühr zahlen, aber wieder hinaus in die Welt gehen. Und dem Stern vertrauen, der mich führt.

Ein Licht scheint in der Welt

Christa Spilling-Nöker

Es war einmal ein kleines Licht, das über alle Maßen traurig war, weil es nur einen so schwachen Schein und eine so geringe Ausstrahlungskraft hatte. Dann und wann schaute es heimlich zum Himmel empor und bewunderte bei Tage die Sonne und den Mond und die Sterne bei Nacht, die so hell und strahlend am Himmel standen, dass sie nicht zu übersehen waren. Die Menschen hatten allen Sternen und Planeten Namen gegeben und viele kluge Bücher über sie geschrieben. Wer aber auf der weiten Welt fragte schon nach einem unbedeutenden und in keinem Lexikon verzeichneten kleinen Licht?

Vor Kummer über seine, wie es meinte, unbedeutende Existenz, hockte es sich bei Nacht irgendwo in eine Ecke und schämte sich seiner Unwürdigkeit. ‚Unwürdig‘, das war ein Wort, das es oft still für sich wiederholte. ‚Ein Nichts bin ich, mich müsste es doch angesichts der vielen ganz großen und bedeutenden Lichter des Himmels eigentlich gar nicht geben.‘ Bei diesen Gedanken liefen ihm bisweilen die Tränen aus den traurigen Augen, sodass seine kleine Flamme nahezu ganz zu ersticken drohte. Manchmal träumte es, so groß, kräftig und hell zu werden, dass es allen Menschen auf der ganzen Welt ins Herz leuchten könnte, um ihre bösen und feindseligen Gedanken zu vertreiben, damit endlich Frieden würde auf der Welt. Sobald es aber am Morgen erwachte, wurde es sich wieder seines schwachen Leuchtens bewusst – und umso betrübter.

Mittlerweile ging es auf Weihnachten zu. In den Straßen der Städte leuchteten die hellen Weihnachtsdekorationen, sodass das kleine Licht still und – ob seines zaghaften Glimmens gar nicht wahrgenommen – nur ganz leise, bedrückt und unerkannt durch die festlich glänzenden Straßen schlich. Schließlich kam der Heilige Abend. „Endlich einmal weiße Weihnachten!", jubelten die Menschen, als der Schnee nur so vom Himmel stob. Ein wenig feucht von der nassen Pracht schlich sich das kleine Licht zu später Stunde durch die Straßen der Stadt, in denen die Weihnachtsbeleuchtung inzwischen ausgeschaltet war. Da vernahm es plötzlich eine Stimme hinter sich: „Was für ein Wunder, dass gerade in dieser sternenlosen Heiligen Nacht noch ein Licht leuchtet. Also gibt es allem Anschein nach doch Hoffnung für ein erfülltes Morgen?!" Dieser einen Stimme schlossen sich nach und nach viele andere voller Träume und Sehnsüchte, voller Wünsche und Erwartungen an. Bei diesen Worten strahlte unser kleines Licht heller als je zuvor. „Ich bin zwar nicht so bedeutend, dass ich der Welt den großen Frieden bringen könnte", sinnierte es vor sich hin, „aber ich habe allem Anschein nach Kraft genug, Menschen in ihrer Traurigkeit zu trösten und ihnen neuen Mut für die Zukunft zu schenken."

Und das Wunder geschah. Wer auch immer in dieser heilig-heilenden Nacht in die Nähe des kleinen Lichts kam, dessen Leben wurde von neuer Hoffnung und solch tiefer Freude ergriffen, dass von ihm selbst ein Leuchten ausging, sodass er die wundersame Wirkung des kleinen Lichts weiter in seine Umgebung hinein- und herausstrahlte.

Bei Anbruch des Weihnachtstages leuchtete nicht nur der Morgenstern über Stadt und Land, sondern es breitete sich nach und nach eine Welle der Ermutigung, der Zuversicht und Lebensfreude aus. Immer mehr Menschen entdeckten, wie wichtig und wertvoll sie waren mit ihrem angeblich so kleinen inneren Licht, denn sie hatten genug Kraft und Wärme, um hier ein Wort der Freude und der Liebe und dort einen Gedanken der Versöhnung und des Friedens zu verschenken.

Stern für andere

Anselm Grün

Seit jeher haben die Menschen ihre Sehnsüchte in die Sterne verlagert. Und die Sterne haben immer eine Faszination ausgeübt. Als Kinder haben wir gerne das Lied gesungen „Weißt du, wie viel Sternlein stehen". Das Lied gab uns die Gewissheit, dass Gott es gut mit uns meint, dass wir unter seinem Sternenhimmel daheim sind. Die Sterne erinnern uns an die Heimat in dem Sinne, dass wir auf dieser Welt immer und überall daheim sind, weil die gleichen Sterne uns leuchten wie in unserer Heimat. All diese Assoziationen spielen mit, wenn wir zu Weihnachten an den Stern denken, der Jesu Geburt angezeigt hat, und wenn wir die Weihnachtssterne an den Christbaum oder an die Fenster hängen. Durch Christi Geburt ist diese Welt uns Heimat geworden. Da leuchtet überall der gleiche Morgen- und Abendstern über uns am Himmel und lässt uns überall daheim sein. Und Weihnachten lädt uns dazu ein, dass wir selbst für andere zum Stern werden, der ihre Nacht erhellt, Hoffnung in ihnen leben lässt und ihnen das Gefühl von Heimat schenkt.

Der Weihnachtsstern sagt dir: Du bist nicht nur ein Mensch der Erde, sondern auch ein Mensch des Himmels. In dir leuchtet der Stern, der über dich hinausweist auf den, der vom Himmel herabkommt und unsere tiefste Sehnsucht erfüllt.

Vom kleinen Stern, der sich verflogen hatte …
Andrea Schwarz

Zugegeben – es geschah vor langer Zeit. Und ich habe die Geschichte auch nur gehört. Und ich weiß auch gar nicht, ob sie wahr ist.

Aber sie ist schön. Und sie könnte wahr sein.

Und das allein reicht mir als Grund, um sie aufzuschreiben:

Es gibt Millionen und Abermillionen von Sternen an unserem Himmel. Und außer Gott kann niemand genau sagen, wie viele es eigentlich sind. Und ich glaube, sogar Gott sollte man einen Tag Zeit geben, um diese Frage zu beantworten. Denn auch Sterne werden geboren und sterben wieder, kommen aus der Unendlichkeit und kehren in die Unendlichkeit zurück – genau wie wir Menschen. Und manchmal braucht auch das himmlische Bürgerbüro ein wenig Zeit, um die Daten korrekt zu erfassen und weiterzugeben.

Ja, es gibt junge und kleine Sterne – und die sind nicht viel anders, als junge und kleine Menschen sind. Sie brauchen viel Liebe, trauen sich manchmal zu viel zu, bezaubern einen irgendwie und können einen zugleich manchmal unsagbar nerven.

Desidorio war solch ein kleiner und junger Stern. Und er bemühte sich redlich, ein guter Stern zu sein und zu werden. Er hörte den großen Sternen zu, er arbeitete die Lernprogramme für junge Sterne gewissenhaft durch, nahm seine Termine wahr – und doch: Wenn im Himmel ein wichtiges Fußballspiel zwischen Engelsstürmern und Sternenfliegern anstand, konnte es schon mal sein, dass er auch einen Termin nicht mehr im Blick hatte.

Es war an einem Abend vor langer, langer Zeit. Da beschloss eine Gruppe von Wolken, sich besonders fein zu machen, sich rot-rosa-lila zu färben und einfach dahinzuschweben. Und sie sangen dabei ganz leise vor sich hin!

Und als Desidorio diese Wolken sah, war er einfach hin und weg. Sie waren so was von schön!

Und in seiner Freude und Aufregung wollte er einfach hinterher, er wollte den Wolken folgen und ihren Farben. Und vor lauter Aufregung verließ er sogar den Platz im Himmel, der ihm zugeteilt worden war – und segelte mit den Wolken und freute sich und genoss es aus ganzer Seele, freute sich an dem Wind, an Farben und Gesang!

Und er atmete tief durch und liebte das Leben und vergaß ganz, dass er ein Stern war, der eigentlich auf seinem Platz leuchten sollte.

Es kam, wie es kommen musste. Auch das rauschende Fest der Wolken hatte einmal ein Ende. Die rot-rosa-lila Farbe wechselte wieder ins Alltagsgrau, sie hingen schwer und düster am Himmel – und sie sangen auch nicht mehr.

Dem kleinen Stern wurde plötzlich ganz kalt. Er schaute sich um – aber er war allein. Da war kein anderer Stern mehr zu sehen, da gab es keine Farben, keinen Klang mehr.

Er war allein, ganz fürchterlich allein.

Und als unserem kleinen Stern dies bewusst wurde, schluckte er einmal tief – und dann fing er an zu weinen. In seiner Freude an den Wolken hatte er sich auf den Weg gemacht. Er hatte ihnen getraut und war mit ihnen gegangen. Und da war er jetzt – allein und verlassen.

Ich hätte es wissen müssen, flüsterte der kleine Stern vor sich hin. Manchmal gaukelt uns das Leben etwas vor, was es nicht einlöst – so wie die Wolken. Aber die Erkenntnis kam für unseren kleinen Stern ein wenig spät – er hatte auf das eine gesetzt und das andere verlassen.

Er weinte bitterlich – und fiel schließlich in einen unruhigen Schlaf.

Irgendwann nachts erwachte er – und als ihm klar wurde, wo er war, nämlich irgendwo im Niemandsland zwischen Himmel und Erde, dass es kein Zuhause für ihn gab, keine Heimat, fing er wieder an zu weinen. Er war in die Irre gegangen – und wusste nicht mehr, wie es weitergehen sollte.

Aber – hatte da nicht jemand gerufen? Er schaute sich um – da war so viel Dunkel und ganz viel Stille. Aber wenn er ganz genau hinschaute, war da nicht ein kleines Licht? Wenn er genau hinhörte, gab es da nicht einen leisen Klang?

Man könnte ja wenigstens mal nachschauen, was da los ist.

Und so flog ein kleiner, junger Stern, vollkommen verunsichert und vollkommen durcheinander, zu einem Stall nach Betlehem. Und da sagte ein Kind zu ihm: Ich brauch dich! Du musst den Menschen den Weg zu mir weisen – und du sollst die Nacht erhellen.

Und Desidorio suchte sich einen Platz am Himmel und leuchtete vor sich hin. Er schenkte dem Kind in der Krippe sein Licht, er wies den drei Weisen aus dem Morgenland den Weg, er ging mit den Hirten mit.

Der Stern von Betlehem, das ist eigentlich ein ganz kleiner und junger Stern, der sich verlaufen, oder vielleicht richtiger, sich „verflogen" hat – und der trotzdem dazu auserkoren wurde, über der Krippe und über dem Kind zu leuchten. So erzählt es zumindest diese alte Geschichte.

Wie gesagt, das ist eine alte Geschichte, und ich weiß auch nicht, ob sie wahr ist. Aber ich finde sie schön. Ein kleiner und junger Stern wird zum Wegweiser zum Kind in der Krippe, zu dem Gott, der Mensch wird.

Diesem Stern kann ich gut folgen.

Der Wunschbaum

Susanne Niemeyer

Es ist der vierte Advent und jetzt sitzt sie also hier, mit einer Kiste voller Weihnachtsschmuck, aber ohne Mann. Was macht man mit fünfundzwanzig roten und ebenso vielen goldenen Kugeln, wenn man niemanden hat, für den man sie aufhängen kann? Denn wozu soll sie einen Weihnachtsbaum schmücken, wenn doch Hermann, mit dem sie sechsunddreißig Weihnachtsabende verbracht hat, mit einer viel zu vollbusigen, viel zu jungen Frau an der Costa Smeralda sitzt? (Sie hat ein Bild von ihr auf Facebook gesehen. Im roten Bikini klebte sie auf seinem Schoß und verdeckte seinen Bauch.) „Ach Mama", versuchte ihre Tochter zu trösten, als sie ihr wutentbrannt davon erzählte. „Was brauchst du in deinem Alter noch Männer? Du kommst doch gut allein zurecht." „Und wie soll ich Weihnachten feiern?", entgegnete sie. „Es ist ja keiner da!" „Geh doch in die Kirche", antwortete ihre Tochter und klang, als sei sie in Eile. „Das gefiel dir früher doch auch …" Früher hatte ich auch zwei Kleinkinder, die das Krippenspiel liebten, wollte sie erwidern, aber da hatte ihre Tochter schon aufgelegt.

Berta schnauft. Kirche! Die alten Männer angeln sich junge Dinger und was bleibt für die alten Frauen? Die Kirche. Ha! Dass ich nicht lache! Ihr graust bei dem Gedanken, zu einer dieser Veranstaltungen zu gehen, die in ihrer Gemeinde angeboten werden. „Weihnachten für

Einsame." Da kann man sich ja gleich einen Aufkleber an die Brust pinnen: „Ich bin gescheitert." Nein, so etwas kommt für sie nicht infrage. Sie will sich nicht arrangieren mit ihrem Unglück. „Ich will einen Mann", sagt Berta und hört sich selbst erstaunt zu. Aber da sie es nun einmal ausgesprochen hat, merkt sie, dass es stimmt. Sie will mit vierundsechzig noch nicht liebesberentet sein. Dann fange ich eben noch einmal an, denkt sie trotzig und packt die Kugeln zurück in die Kiste. Sie müssen weg, die alten Kugeln und der restliche Klimbim, die Sterne und die Rauschgoldengel und die Muranoglasanhänger, die ihr Hermann damals von seiner Italienreise mitgebracht hatte, erst recht. Berta denkt einen Moment nach. Zum Wegwerfen sind sie zu schade. Sie könnte die ganze Kiste auf den Markt stellen, das machen neuerdings viele so. Irgendwer nimmt immer etwas mit. Keuchend hievt sie alles die Treppe runter und schleppt die Kiste durch die Straßen, bis sie schließlich auf dem Marktplatz vor der großen Tanne steht. Stimmt, denkt sie, hier steht ja auch ein Weihnachtsbaum. Kahl sieht er aus mit seiner nackten Lichterkette. Berta hat sich schon immer gefragt, warum die Stadt zwar das Geld für einen Weihnachtsbaum aufbringt, es dann aber versäumt, ihn vernünftig zu schmücken. Einen Moment erwägt sie, ihn selbst zu schmücken, aber dann fällt ihr etwas Besseres ein. Sie zieht einen roten Pappstern aus dem Karton, kramt in ihrer Handtasche nach einem Stift und schreibt in großen Buchstaben „Ich wünsche mir einen Mann". Dann hängt sie den Stern an den Baum und betrachtet zufrieden ihr Werk. Den Rest lässt sie stehen und geht nach Hause.

In dieser Nacht schläft sie zum ersten Mal seit Monaten traumlos und gut. Am nächsten Tag putzt sie die Wohnung, Mittwoch fährt sie zu einer alten Freundin aufs Land und als sie Donnerstag einkaufen geht, hat sie den Baum und ihren Stern längst vergessen. Als sie mit ihrer Einkaufstasche zum Markt kommt, traut sie ihren Augen nicht. Der Baum! Er ist über und über mit Zetteln behängt. Es gibt ausgeschnittene Sterne in rot und gelb und pink und irgendjemand hat sogar eine Krone gebastelt. Auf den Sternen haben Leute ihre Wünsche hinterlassen. Genau wie sie. „Ich wünsche mir ein Pferd", liest Berta. Darunter hat ein anderer geschrieben: „Ich habe ein Pferd. Wenn du willst, kannst du bei mir reiten." Daneben steht eine Telefonnummer. Wie nett, denkt Berta und greift nach einem weiteren Zettel: „Ich möchte einmal eine Weihnachtsgans probieren. Aber sie ist zu teuer." Übermütig holt Berta ihren Stift heraus. „Wenn es weiter nichts ist: Kommen Sie zu mir." Und auch sie notiert ihre Nummer daneben. „Ich wünsche mir eine Oma", liest sie, und: „Ich bin eine Oma. Wollen wir uns treffen?" „Ich spiele so gern Rommé. Aber meine Mitspieler sind alle schon tot. Ich wünsche mir neue Freunde." Drei Namen stehen bereits darunter. Es gibt Wünsche nach Fahrrädern, Hasen, einer schlankeren Taille, einem neuen Anfang, nach einem Kind, nach einer Wohnung mit Badewanne, nach einem glücklicheren Jahr, einer Zwei in Mathe, nach Frieden in der Heimat, nach englischen Pralinen, einem Wochenende in den Bergen und vielem mehr.

Da entdeckt Berta ihren eigenen Stern wieder. In schwarzen Buchstaben hat jemand etwas dazugesetzt: „Wie alt sind Sie? Und wie sehen Sie aus?" Sie schreibt: „Ich bin vierundsechzig und sehe blendend aus (glauben Sie, ich würde etwas anderes sagen?)." Ein zweites Mal gibt sie ihre Telefonnummer preis und stößt einen kleinen Juchzer aus, weil alles so aufregend ist. Lauter fröhliche Menschen stehen um sie herum. „Ist das nicht wunderbar?", lächelt eine rotbemützte Frau. „Das ist besser als jeder Weihnachtseinkauf, das ist ein Weihnachtswunder. Wer das angezettelt hat, muss ein Engel sein!" Erstaunt bemerkt Berta, dass die Augen der Frau feucht sind.

Berta, Berta, denkt sie, was hast du da bloß angerichtet? Und errötet ein bisschen.

Mensch des Himmels

Anselm Grün

Die Liebe spricht gerne von Sternen. Zum Geliebten sagt sie: „Du bist mein Stern. Du bist ein Stern für mich." Damit meinen wir, dass der andere Licht in unser Leben bringt, dass er wie ein Stern an unserem Nachthimmel leuchtet, dass unsere Nächte durch den andern hell werden. Das Licht des Sternes hat ja einen eigenen Glanz. Die Sprache der Liebe lässt uns erahnen, was an Weihnachten geschieht, da leuchtet uns in Christus ein Stern auf an unserem nächtlichen Himmel. Da bringt Christus durch seine Liebe Licht in unsere Dunkelheit. Der Stern, der am Himmel steht, verweist uns auf den Vater, der im Himmel ist. Er ist Bild unserer Sehnsucht nach dem ganz anderen. Was wir am Himmel sehen, das ist immer auch eine Wirklichkeit in uns. Wir sprechen von dem Stern, der am Horizont unseres Herzens aufgeht, wenn wir mit unserer Sehnsucht in Berührung kommen, und wir spüren, dass unser Herz weit über alles Alltägliche hinausreicht, bis in die Welt Gottes, in der wir wahrhaft daheim sind.

Angelus Silesius hat wohl in unübertroffener Weise gedichtet, was Christus als der Morgenstern für uns ist:

„Morgenstern der finstern Nacht,
der die Welt voll Freuden macht.
Jesu mein, komm herein,
leucht in meines Herzens Schrein."

Gottes Licht und Herrlichkeit

Teresa Zukic

Gottes Licht und Herrlichkeit
möchte in die Welt
und findet immer einen Weg.
Lassen wir die Menschen wissen,
dass die göttliche Liebe sie sucht.
Seien wir selbst SEIN Lichtstrahl.

Ins Leben treten

Heiliges Geheimnis

Phil Bosmans

Vieles im Leben von Mensch und Natur, was früheren Generationen ein Rätsel war, hat die moderne Wissenschaft entschlüsselt. Und doch bleibt Ungelöstes, nicht nur in der Welt der Natur, sondern auch und gerade in der Welt des Menschen. In allem, was Menschen erleben und erleiden, begegnet ihnen Unergründliches.

Das heilige Geheimnis können wir verdrängen und doch erfüllt es unser Dasein mit seiner unaufdringlichen Gegenwart. An Weihnachten offenbart sich Gott, das heilige Geheimnis, in der Stille der Nacht. In seinem Sohn erschließt er sich selbst, öffnet er sein Wesen, das Liebe ist. Er kommt, damit wir ihn und einander lieben können und auch uns selbst.

Die Geburt Jesu

Mit der Geburt Jesu Christi verhielt es sich so: Als seine Mutter Maria mit Josef verlobt war, fand es sich, noch bevor sie miteinander lebten, dass sie schwanger war aus heiligen Geist. Da aber Josef, ihr Mann, gerecht war und sie nicht bloßstellen wollte, gedachte er, sie im Stillen zu entlassen. Während er noch darüber nachdachte, erschien ihm ein Engel des Herrn im Traum und sprach zu ihm: Josef, Sohn Davids, scheu dich nicht, Maria, deine Frau, zu dir zu nehmen; denn was sie empfangen hat, ist aus heiligen Geist. Sie wird einen Sohn gebären, ihm sollst du den Namen Jesus geben; denn er wird sein Volk von seinen Sünden erlösen. Dies alles ist geschehen, damit das Wort des Herrn in Erfüllung geht, das er durch den Propheten gesprochen hat: Seht, die Jungfrau wird schwanger werden und einen Sohn gebären, und man wird ihm den Namen Immanuel geben, das heißt übersetzt: Gott mit uns. Als nun Josef vom Schlaf erwachte, tat er, wie der Engel des Herrn ihm aufgetragen hatte, und nahm seine Frau zu sich. Er erkannte sie aber nicht, bis sie einen Sohn geboren hatte. Und er gab ihm den Namen Jesus.

Matthäus 1,18–25

Das Gerade und das Krumme

Anselm Grün

Die Geburtsgeschichte, wie sie uns Matthäus erzählt, ist nicht so romantisch wie die bei Lukas. Das beginnt schon mit dem Stammbaum, in den Jesus hineingeboren wird. Der Stammbaum Jesu ist voller Brüche und Unregelmäßigkeiten. Vier ausländische Frauen bringen den Stammbaum völlig durcheinander. Jesus heilt die Unheilsgeschichte seines Volkes. Aber wir dürfen den Stammbaum auch persönlich auf uns beziehen. Unsere Lebensgeschichte ist oft von Brüchen und dunklen Stellen gekennzeichnet, von Familiengeheimnissen, über die man nicht spricht. Wenn sie im Dunkeln bleiben – so sagt die Psychologie –, dann wird unser Leben nicht gelingen, dann wird sich das Dunkle in unserer Familiengeschichte in unserer persönlichen Geschichte fortsetzen.

Matthäus beginnt die Erzählung der Geburt Jesu mit einem Konflikt. Und er wird in seinem Evangelium immer wieder aufzeigen, dass dieser Jesus vielen Konflikten ausgesetzt ist. Und auch unser Leben ist Konflikten ausgesetzt, wenn Gott in uns mehr und mehr Raum gewinnt. Josef gerät in einen Konflikt mit seiner Verlobten Maria, die schwanger ist, aber nicht von ihm. Nach jüdischem Recht hätte er sie anklagen müssen und sie wäre gesteinigt worden. Doch Josef ist gerecht. Er möchte nicht so sehr dem Buchstaben des Gesetzes gerecht werden als vielmehr dem Menschen. Er verbindet Gerechtigkeit und Barmherzigkeit miteinander. Um seine Verlobte nicht zu verklagen und zu beschämen, möchte er sie in aller Stille entlassen.

Doch in seine rein menschlichen Überlegungen tritt ein Engel des Herrn ein. Im Traum deutet er ihm das Geschehen. Maria ist nicht von irgendeinem Menschen her schwanger, sondern durch das Wirken des Heiligen Geistes. Gott selbst ist am Werk in dem Geschehen, das Josef nicht versteht und das auch unser Verstehen übersteigt. Der Engel behandelt Josef wie einen Freund Gottes, den er einweiht in die Pläne, die Gott mit ihm und mit der Welt hat. Der Engel erklärt Josef, woher das Kind stammt. Und er zeigt ihm, welche Sendung sein Sohn haben wird. Er wird sein Volk von seinen Sünden erlösen. Er wird es von den Verstrickungen befreien, in die es geraten ist. Und er wird auch unsere Lebensgeschichte mit seinen Brüchen und Dunkelheiten heilen.

Die Geburt Jesu aus Maria – so wie sie Matthäus versteht – will uns also die Augen öffnen, dass Gott auch auf krummen Zeilen gerade zu schreiben vermag. Gerade in Situationen, die wir verurteilen, kann Gott selbst etwas schaffen, was unsere menschlichen Überlegungen durchkreuzt. Gott handelt oft genug überraschend, anders als wir es uns erwarten. Wir haben uns unser geistliches Leben zurechtgelegt. Wir überlegen, wie wir Gottes Willen erfüllen können. Aber oft genug verwechseln wir Gottes Willen mit unseren eigenen Vorstellungen vom Leben. Da zeigt uns ein Traum einen ganz anderen Weg. Gott selbst spricht im Traum zu uns, um uns auf einen Weg zu weisen, der seinem Willen entspricht. Die Träume – so meint das Matthäusevangelium – sind der Ort, an dem ein Engel des Herrn auch zu uns spricht, um uns unser Leben zu deuten und um uns auf den Weg zu weisen, der zum wirklichen Leben führt. Wir sollen die Träume nicht nur anschauen, sondern ihnen auch Folge leisten, so wie es Josef immer wieder getan hat.

Als Gott Windeln trug

Susanne Niemeyer

Ich war mal klein. Ganz genau erinnere ich mich nicht mehr, aber ich nehme an, ich habe geschrien, wenn ich wütend war, gelacht, wenn sich ein freundlicher Mensch über mich beugte, und dass ich inkontinent war, machte mir nichts aus. Meine Neugier war groß. Hielt man mir etwas hin, untersuchte ich es genau. Ich hielt es für selbstverständlich, dass eine Kastanie, ein Löffel oder eine Klorolle gleichermaßen ein Geheimnis bereithalten konnten. Zwischen Polizisten, Prostituierten und Pastoren machte ich keinen Unterschied. Wer lächelte, war gut.

Dann kamen Zwischenprüfungen, verdorbene Fischgerichte, Menschen, die einfach auf Nimmerwiedersehen verschwanden, und ich wurde vorsichtiger. Ich glaube, so geht es vielen. Anfänge sind oft voller Zuversicht. Dann beginnt man zu verlernen:

- ☆ zu vertrauen, dass man aufgefangen wird, wenn man springt;
- ☆ einen Stift anzusetzen, eine Blume, ein Haus, einen Löwen zu malen, ohne zu denken: Das kann ich nicht;
- ☆ etwas zu tun, ohne vorher zu fragen, ob es sich lohnt;
- ☆ sein ohne übertriebene Scham;
- ☆ es nicht peinlich zu finden, zu weinen;

✰ einen so selbstbewusst eigenen Stil zu haben, der es erlaubt, eine lila Hose mit einem roten Pullover zu kombinieren.

Gott kam als Kinderseele zur Welt. Das ist merkwürdig. Er hätte diesen Schritt doch genauso gut überspringen können. Ein Gott, der in die Hose macht, kann schnell ein Autoritätsproblem kriegen. Trotzdem hat er sich in eine Krippe gelegt und sich den anderen überlassen. Die ihn wickeln, stillen, füttern. Die ihm zeigen, wie man geht, die ihn an sich drücken. Die ihn schützen vor dem Bösen, vor den Häschern und vor zu steilen Treppen.

Den Himmel, sagte er später, gibt es nur, wenn wir wieder wie Kinder werden. Wenn wir es wagen, klein zu sein, damit wir hineinkriechen können wie in eine Höhle. Weil der Himmel keine Gernegroße braucht und keine Alles-Berechner. Die Erde auch nicht.

Vielleicht wollte er es allen zeigen. Vielleicht wollte er vormachen, wie das geht: Mach dich verletzbar. Nur so bist du echt. Hab Vertrauen. Lass dich tragen. Rechne nicht. Greif zu, wenn sich dir etwas bietet (und lerne, dass du nicht alles haben kannst). Bleib neugierig. Verwirf das Einfache nicht, vielleicht birgt es einen Schatz. Schäm dich nicht für dein Dasein. Lache, wenn du lachen willst, und weine, wenn du traurig bist. Vergiss die Wut nicht, sie gehört zu dir. Schlaf ist kein Zeichen von Faulheit. Miss dein Gegenüber nicht an seiner Kleidung (außer, sie glitzert sehr, da kann man schon mal schwach werden). Erlaube dir, keinen Brokkoli zu mögen. Fürchte das Scheitern nicht. Male, tanze, singe, wenn du willst. Frag, was du wissen willst. Wer nicht fragt, bleibt dumm. Spar dabei den Tod, das Ende der Welt (oder ihren Anfang), Wunder und andere Alltäglichkeiten nicht aus. Liebe deinen Körper. Es gibt dich nicht ohne ihn. Halte vieles für möglich.

Staunen
Notker Wolf

In unserer internationalen Benediktiner-Hochschule von Sant'Anselmo, wo ich einen guten Teil meines Lebens verbracht habe, steht an Weihnachten nur eines im Vordergrund: das Wunder, dass Gott zu uns gefunden hat. Dabei verzichten wir nicht auf einen schlichten aber festlichen Rahmen. In unserem Speisesaal schmücken wir am 24. Dezember einen Weihnachtsbaum. Darunter liegt ein großes, aus Holz geschnitztes, italienisches Christkind.

In unserer Kirche steht manchmal eine Krippe aus Mexiko. Denn wir Benediktiner sind heute auf allen fünf Kontinenten zu Hause. Unsere Professoren und Studenten in Sant'Anselmo kommen aus aller Welt. Und es macht mir immer wieder Freude, diese bunt zusammengewürfelte Gemeinschaft zu erleben. Schön ist auch der Brauch, dass am Weihnachtsabend während des gemeinsamen Essens Mitbrüder Lieder aus ihren Heimatländern vortragen.

Den Höhepunkt des Weihnachtsfestes bildet dann wie in allen Benediktinerklöstern weltweit die Mitternachtsmesse. Und danach gibt es bei uns in Rom noch einen Empfang. Mit Prosecco und Panettone – einem typisch italienischen Weihnachtsgebäck – stoßen wir zusammen mit Freunden und Gästen in kleiner Runde auf das Christkind an.

Während einer solchen Feier kam ich mit einem unserer Studenten aus dem ehemaligen Ostblock ins Gespräch.

Er bereitete sich darauf vor, Priester zu werden. Wenn er sein theologisches Examen bestanden habe, werde er in seine Heimat zurückkehren, erklärte er mir, und hoffe, dort ein einflussreiches Amt auszuüben.

Ich fragte, was ihn bei seinem Studium motiviere? Und er antwortete: „Sehen Sie, jede Gesellschaft ist doch so etwas wie eine Pyramide. Mit einem Abschluss aus Rom komme ich der Spitze dieser Pyramide ein ganzes Stück näher."

Nachdenklich hörte ich dem jungen Mann zu und ging dabei mit ihm ein paar Schritte weiter zu unserer Krippe. „Nun ja", meinte ich, „das mit der Pyramide mag schon stimmen. Aber ER" – ich wies auf das Kind in der Krippe – „ER hat diese Pyramide doch gründlich auf den Kopf gestellt." Unser Student blieb noch lange schweigend vor der Krippe stehen.

Ein Gott, der uns entgegenkommt

Andrea Schwarz

Um diesen Weg des Abenteuers gestalten zu können, müssen wir Weihnachten richtig verstehen. Erst dann, wenn wir uns bewusst sind, auf was wir uns da eigentlich einstimmen und vorbereiten wollen, können wir unser Leben darauf hin ausrichten.

Weihnachten – das hat eigentlich nichts mit dem zu tun, was die meisten Menschen und unsere Gesellschaft daraus gemacht haben. Weihnachten, das ist kein nettes, süßliches Fest – und das ist nicht Friede, Freude, Eierkuchen. Das ist nicht eitel Harmonie und das ist nicht Freundlichkeit, auf 48 Stunden begrenzt.

Weihnachten – das stellt unsere Welt auf den Kopf, das ist radikal, das will die Veränderung.

Ein Gott, der Gott, an den wir glauben, wird Mensch. Da liebt uns ein Gott so sehr, dass er selbst Mensch wird.

Da macht sich ein starker, großer, allmächtiger Gott in einem Kind in der Krippe klein, schwach und ohnmächtig. Da lässt sich ein Gott auf uns Menschen so sehr ein, dass er selbst Mensch wird. Da liebt uns einer so sehr, dass er in unser Dunkel, in unser Leid, in unsere Traurigkeit, in unsere Begrenztheit hineinkommt. Da macht sich ein Gott in einem Kind klein, damit wir wenigstens in ihm etwas von der Größe dieses Gottes erahnen können, es vielleicht begreifen können.

Da ist ein Gott so groß und stark, dass er sich klein und schwach machen kann. Da ist ein Gott so voll Liebe, dass er sich ganz den Menschen gibt. Da ist sich ein Gott nicht zu fein dafür, in einem Stall zur Welt zu kommen – in dem Stall meines Lebens, in dem es auch oft dreckig und unaufgeräumt ist – und in dem auch manches vielleicht zum Himmel stinken mag.

Gott kommt zur Welt.

Er wartet nicht darauf, dass die Welt, dass wir zu ihm kommen. Er kommt zu uns.

Er bleibt nicht huldvoll lächelnd auf irgendeinem Thron sitzen, nein – er kommt uns entgegen.

Er wird Mensch in einer jungen Frau aus dem Volk Israel. Er hat sich für seine Geburt kein vornehmes Zimmer reservieren lassen – und, kaum zur Welt gekommen, ist Flucht, Obdachlosigkeit und Asyl angesagt. Er macht es sich nicht bequem – er kommt mitten hinein in unser Menschenleben, in das Dunkel, die Heimatlosigkeit, den Dreck, die Begrenztheit unseres Lebens.

Er wartet nicht darauf, dass wir uns auf den Weg zu ihm machen – er kommt uns entgegen. Er kommt zu uns – weil es für uns manchmal so schwer ist, zu ihm zu gehen.

Weihnachten – das ist das Fest des entgegenkommenden Gottes. Das ist das Fest Gottes, das von seiner Liebe zu den Menschen erzählt. Und das ist das Fest der Menschen, die die Liebe dieses Gottes feiern.

Ein Gott, der uns entgegenkommt …

Der zärtliche Jesus

Teresa Zukic

Ich liebe Weihnachten und könnte stundenlang an der Krippe sitzen. Immer wieder bin ich fasziniert davon, dass dieser große, mächtige und gewaltige Gott so klein wie ein Baby wurde. Die Menschwerdung Gottes ist für mich einfach unbegreiflich schön. Als ich noch ganz frisch im Glauben war, hatte ein junger Priester versucht, mir dieses Wunder mit einem Vergleich zu erklären. Aber er warnte mich, seine Erklärung würde sehr „krass" werden: „Stell dir vor, Teresa", meinte er, „du würdest als Ferkel geboren. Du würdest in einem Schweinestall leben und das Leben eines Ferkels führen, wüsstest aber tief in dir, du bist ein Mensch! Und jetzt stell dir Jesus vor, er lebte unter den Menschen – und wir wissen ja, zu was Menschen alles fähig sind – aber ER weiß, dass er Gott ist!" Ich fand dieses Bild damals wirklich krass, aber es hat mich auch fasziniert.

Ich weiß nicht, was im Himmel los gewesen sein muss, als Gott Mensch geworden ist. Dass die Hirten sich vor Angst in die Hose machten, ist nur verständlich. Da schaust du verträumt in den Sternenhimmel, döst vor dich hin, bist froh, dass deine Schafe einigermaßen Ruhe geben, und plötzlich wirst du durch ein Licht und einen Engel aus deinem Alltag herausgerissen. Da hört man dann die Engel singen, die einen erst mal von dem Schrecken beruhigen müssen, dass man nichts zu befürchten hat. Im Gegenteil, mit einer frohen Botschaft wird die Freude verbreitet, dass da ein Kind geboren wurde, das alle retten wird. Es ist das unbegreiflichste Geheimnis auf dieser Erde! Jahrtausendelang knien Gläubige vor einer Krippe und staunen über das kleine Bobbelchen. Und dieses Kind hatte es weiß Gott nicht leicht.

Ein stinkender Stall als Geburtsort, eine mit Krisen begonnene Partnerschaft der Eltern, als Kind mit seinen Eltern auf der Flucht vor Verfolgung. Mit zwölf Jahren reißt er aus und wird erst nach Tagen wiedergefunden. Später lebt er mit seiner Mutter in einem umstrittenen Provinznest. Als junger Mann schmeißt er plötzlich seinen Job hin, tingelt drei Jahre ohne festes Einkommen durch die Gegend und verführt andere, alles stehen und liegen zu lassen und ihm zu folgen. Er legt sich mit den Führern seiner Religion an und provoziert mit spektakulären Auftritten. Hat Umgang mit gesellschaftlichen Außenseitern und bricht Gesetze. Ein Träumer, der an das Gute im Menschen glaubt und „von der Wange hinhalten" redet. Er verweigert jede Aussage vor Gericht, erklärt sich zum König und wird zum Tode verurteilt. Er wird gefoltert und stirbt brutal wie ein Verbrecher am Kreuz und hinterlässt ein Erdbeben. Er wird begraben, und das war's. Was für eine Biographie! – Und was für eine Schlagzeile, würde das in unserer heutigen Zeit passieren. Er war eben kein Normalsterblicher. Auch nach seinem Tode gab er keine Ruhe. Kam zurück, hinterließ ein leeres Grab und machte mit einem mächtigen Getöse und stürmischer Berührung aus verängstigten Feiglingen mutige Botschafter seiner Liebe. Sie fanden eine neue Sprache, um immer mehr Menschen zu seinen Freunden zu machen. Er ließ seine BeGEISTerung auf der Erde zurück, bevor er spurlos in den Wolken verschwand. Warum seit 2000 Jahren immer noch Menschen an ihn glauben? Weil ER hier ist. Erfahrbar. Lebendig. Er fasziniert und infiziert Menschen, sich auf Seine Freundschaft einzulassen.

Ich bin so eine infizierte Freundin von IHM geworden und werde nicht müde, anderen von meiner Begeisterung zu erzählen. Er hat mein Leben verändert, meine Pläne auf den Kopf gestellt. Er schafft es immer wieder, meinen Pulsschlag zu erhöhen. Er ließ mich ein Buch öffnen, die Bibel, deren Worte mich zu einem Schatz führten. Eine Schatzkarte, wie ich jeden Tag neuen Mut, neue Hoffnung, Glauben und neue Liebe finde. Da entdecke ich einen ganz zärtlichen jungen Menschen, der nur ein Wort sprechen musste, und die Menschen waren berührt. Ich entdecke einen Mann, der die Frauen ansah und ihnen Respekt und Ansehen schenkte. Der mit seiner Zärtlichkeit Kranke heilte, Kinder umarmte, Tote erweckte. Der selbst zum Aufstand für das Leben wurde und lebendig ist. Der verliebt war in die Kinder, in die Armen und Schwachen. Der so viel Barmherzigkeit zeigte, Schuld vergab und zur Versöhnung ermutigte. Der sich voller Erbarmen dem Sünder zuwendete und in jeder Faser seines Lebens mit der größten Hingabe liebte, zu der ein Mensch je fähig war. Der behutsam war und ausgelassen feiern konnte. Der die Stille liebte und zugleich Menschenmassen mit seiner

Ausstrahlung anzog. Seit Jesus Mensch geworden ist, trägt jedes menschliche Antlitz seine Züge. Darum werde ich nicht müde, mich jeden Tag ins Auto zu setzen und zum nächsten Vortrag zu fahren. Jeden Tag aufs Neue von Seiner Liebe zu sprechen.

Davon zu sprechen, „dass wir Menschen Gottes größter Schatz sind"! Für uns hat er diese wundervolle Welt geschaffen und gab uns zwei Kostbarkeiten, damit wir nie vergessen, wie wertvoll wir IHM sind. Das Erste ist sein über alles geliebter Sohn. Dieser Sohn hat sich so sehr in die Menschen verliebt, dass er fähig war, am Kreuz zu sagen: „Vater, vergib ihnen, sie wissen nicht, was sie tun!" Na ja, er hätte ja auch sagen können: „Hat kein Sinn! Schick sie alle in die Hölle." Aber er hat sich in die Menschen verliebt, obwohl er ihre ganze Brutalität erlebt hat. Was das bedeutet, ist mir vor einigen Jahren neu aufgegangen, als ich in Auschwitz war. Ich war in dem Hof, in dem Menschen sinnlos erschossen wurden. Nicht, weil sie was falsch gemacht hatten, nur, weil sie zufällig vorbeigingen. Willkürlich ermordet. Stellen Sie sich vor, Ihr Kind würde aus Ihren Armen gerissen und sollte erschossen werden! Würden Sie nicht aufschreien und flehen: „Halt, nimm mich! Lass mein Kind leben!"? Genau das hat Christus getan. Stellvertretend für jeden Sünder und jede Sünde hat ER den Platz eingenommen. Das ist die frohe christliche Botschaft! Aber Gott gab uns noch etwas Schönes, und das ist die Freiheit. Wir können alles selber entscheiden. Was wir gerade denken, mit wem wir unser Leben teilen, was wir heute essen. Gott hat so einen Respekt vor unserer Freiheit. Er würde nie in unser Leben kommen, wenn wir IHM das nicht erlauben. Gott ist ein Gentleman. Er will keine Sklaven auf Erden, sondern sehnt sich danach, dass wir ihm freiwillig folgen, und deshalb drängt ER sich nicht auf.

Gott träumt den Menschen

Anselm Grün

Gott hatte einen Traum. Er träumte die Schöpfung. Und er schuf sie. Er schuf den Himmel und die Erde, die Blumen und Gräser, die Bäume und Wälder, die Berge und Hügel, die Flüsse und das Meer, die Fische und Vögel, die Insekten und die Säugetiere. Aber es fehlte Gott etwas an seinem Traum. Da träumte er den Menschen, der nach seinem Bild und Gleichnis geschaffen ist. Er schuf den Menschen als Mann und Frau. Doch der Mensch verdunkelte das Bild, das Gott sich von ihm gemacht hatte. Er entfremdete sich von Gott. Er lief vor Gott davon, aber auch vor sich selber. Er trennte sich von seinem eigenen Ursprung. Er lebte nicht vor Gott, sondern versteckte sich vor ihm. Er verkrümmte sich in sich selbst. Er verschloss die Türen seines Herzens und ließ Gott nicht mehr bei sich eintreten. Er gab nicht nur die Gemeinschaft mit Gott auf, sondern wandte sich auch gegen sich selbst und gegen seine Brüder und Schwestern. Er geriet auf Abwege, verstrickte sich im Dickicht seiner eigenen Lügen.

Da träumte Gott seinen Traum von Neuem. Er träumte, wie der Mensch eigentlich gedacht war. Und er verwirklichte seinen Traum, indem er einen neuen Anfang setzte. Er ließ seinen eigenen Sohn, das Bild seiner Herrlichkeit, Mensch werden. „Der Einzige, der Gott ist und am Herzen des Vaters ruht" (Johannes 1,18), er sollte Mensch werden und das Urbild des Menschen wieder herstellen. Er sollte den Menschen vor Augen führen, wie sie sein könnten, wenn sie aus der Einheit mit Gott heraus lebten. Er sollte sie an ihren göttlichen Ursprung erinnern, an den göttlichen Kern, den sie noch in sich trugen, aber den sie durch ihre Sünde verdunkelt hatten.

An Weihnachten feiern wir den Traum Gottes, wie er in Jesus Christus sichtbar geworden ist. Wir feiern den Menschen, wie er in seinem reinen Wesen in Jesus aufgeleuchtet ist.

Die Weihnachtsgeschichte

Susanne Niemeyer

Es ist dunkel. Nur ein Schimmer dringt durch. Meine Welt ist warmes Licht. Ich glaube nicht, dass viele wissen, dass es mich gibt. Sie können mich ja nicht sehen. Noch nicht. Aber die beiden wissen es. Ich höre ihre Stimmen. Was sie sagen, verstehe ich nicht, es ist ein Murmeln, ein Summen, es beruhigt mich und meistens schlafe ich davon ein. Dann träume ich. Ich träume davon, wie die Welt sein könnte.

Ich kann noch nichts tun, aber ich fühle eine Menge. Zum Beispiel, dass wir unterwegs sind. Ich spüre die Schritte, tock-tock, tock-tock, immer weiter. Alles ist in Bewegung. Das geht schon eine ganze Weile so, aber heute ist etwas anders. Sie sind aufgeregt. Sie gehen ein Stück, dann bleiben sie stehen, dann gehen sie wieder. Sie kommen nicht voran. Ich möchte sehen, was da los ist. Ich will raus. Plötzlich höre ich eine fremde Stimme. Sie ist laut, so laut, dass ich verstehen kann, was sie sagt. Sie ruft „Nein!".

Mein erstes Wort ist „Nein". Es klingt hart und barsch. Mama zuckt zusammen. Ich merke es. Ich merke alle diese Dinge. Die kleinste Bewegung, das feinste Gefühl. Sie vergessen das manchmal. Das Wort ist spitz, es tut weh. Sie gehen weiter, aber ich kann es nicht abschütteln, es lässt mich nicht los. Ich trage es mit mir herum, und das tut mir leid, weil ich nicht schwer sein will, sondern leicht.

Als ich zur Welt komme, blicken tausend Augen auf mich. Das ist ein bisschen viel. Alle reden durcheinander.

„Ich hätte gern ein Pferd. Kannst du dafür sorgen?" „Das wird aber auch Zeit, der Weltfrieden steht schon lange aus." „Bring bitte Paul zurück."

Ich weiß nicht, woher ich ein Pferd bekommen soll. Mit dem Weltfrieden kenne ich mich nicht aus. Und wer ist Paul?

Ich fange an zu schreien. Sie gucken betreten. Ich glaube, sie haben etwas anderes erwartet. Vielleicht haben sie es sich anders vorgestellt. Ich bin eben ein Baby. Ziemlich klein und meine Haut ist ein bisschen schrumpelig. Aber ich glaube, das ist normal. Ich fände es schön, wenn sie mich auf den Arm nehmen würden. Ich mag es auch, wenn sie ihren Finger in meine Hand legen. Stattdessen flüstert einer: „Wie kindisch." Ein anderer räuspert sich: „Also. Wann fängst du an?" Ich weiß nicht, womit ich anfangen soll. Ich bin ja schon da. Aber das kann ich ihnen nicht sagen, denn ich kann noch nicht reden. Vielleicht ist das mein Glück. Deshalb versuche ich ein Lächeln.

Ein Mann in der ersten Reihe fällt auf die Knie. „Das ist ein Zeichen", ruft er. Eine Frau zeigt verzückt auf mein Gesicht. „Er lächelt! Er liebt die Freundlichkeit!" Ich finde, das klingt gut. Ich beschließe, öfter zu lächeln. Dann klappe ich die Augen zu und schlafe ein.

Am nächsten Morgen hat sich die Anzahl der Leute verdoppelt. Sie rücken immer näher und schauen in mein Bett. Es ist ein bisschen unheimlich. Ich beginne wieder zu weinen. Sie scheinen sich bereits daran gewöhnt zu haben, denn diesmal ruft einer: „Er schämt sich seiner Tränen nicht!" Ich weiß nicht, was schämen ist, und weine weiter. Ich habe Hunger. Ich will an Mamas Milch.

„Er will trinken", murmelt einer erstaunt. „Er ist ein Mensch", fügt ein anderer hinzu. Sie schauen grüblerisch. „So haben wir uns Gott nicht vorgestellt." „Vielleicht ein Irrtum." „Man muss die Prophezeiungen lesen." „Man sollte seine Herkunft prüfen." „Er könnte uns ein Wunder machen." Sie schauen mich auffordernd an. Schon wieder habe ich keine Ahnung, wovon die reden. Aber sie scheinen etwas von mir zu erwarten. Ich versuche ein Lächeln. Das hat schließlich schon einmal geklappt. Diesmal wirkt es nicht. Sie sehen enttäuscht aus. „Was kann er denn?" „Er ist ein Anfänger." Sie nicken. Was wohl ein Anfänger ist, frage ich mich, während ich trinke.

Plötzlich drängeln sich vier Männer nach vorn. Einer von ihnen hat viele Haare im Gesicht. Ein anderer hat etwas Zotteliges bei sich. „Schafft den Hund raus!", ruft einer von den Rednern. „Der ist gefährlich!" Der Hund schnüffelt an meiner Hand. Es kitzelt, und ich lache. Ich beschließe, Hunde zu mögen. Die vier Männer sagen nichts. Sie haben Tränen in den Augen. Ich bin überrascht. Sie weinen auch. Sie sind wie ich.

Als ich aufwache, ist es hell. Vor meinem Bettchen steht ein komischer Mann. Sein Gesicht ist schwarz. Es sieht anders aus als die Gesichter der anderen. Ich will es unbedingt anfassen. Der Mann beugt sich zu mir hinunter und ich greife nach seiner Nase. Sie fühlt sich ganz normal an. „Er hat keine Berührungsängste", flüstert einer. Das ist ein langes Wort. Ich glaube, ich kann es mir nicht merken.

„Er nimmt jeden an." „Er macht keine Unterschiede." „Er kam für alle auf die Welt." Ich höre schon nicht mehr zu, denn der Mann holt etwas aus seiner Tasche. Es glänzt, und es ist rund. Neugierig strecke ich meine Finger aus. „Das ist Gold", sagt der Mann. „Das ist für später." Ich weiß nicht, was später ist, und greife nach der Kugel.

„Er lebt im Moment", jubelt einer. Die anderen nicken bedeutungsvoll.

Mit dem Gold spiele ich den ganzen Tag. Sie nennen mich König.

Mama nennt mich Schatz. Das gefällt mir besser.

Am nächsten Morgen flüstern alle miteinander. Ich glaube, ich soll nicht hören, was sie sagen. Ich verstehe das Wort „töten", aber ich weiß nicht, was das heißt. Ich will ihnen sagen, dass sie keine Angst zu haben brauchen. Ich bin ja bei ihnen. Aber sie achten gar nicht auf mich. Sie packen unsere Sachen zusammen. Ich glaube, wir müssen gehen. In der Nacht wache ich auf. Aus Gewohnheit will ich schreien, aber dann entdecke ich das Glitzern. Oben am Himmel. Als hätte jemand die goldene Kugel dort aufgehängt. Ich überlege, ob das möglich ist. Plötzlich habe ich keine Angst mehr vor der Nacht.

Wir sind schon lange unterwegs. Die Leute sind zurückgeblieben. Jetzt sind wir nur noch zu dritt. Mama, Papa und ich. Und das Glitzern am Himmel. Mama nennt es Stern. Man kann ihn nur nachts sehen. Manchmal ist er weg. Erst bekam ich Angst, doch er kam immer wieder. So lange der Stern da ist, ist alles gut. Er ist wie die Lampe, die Papa abends in unserem Zelt anzündet, nur schöner. Und niemand braucht ihn anzuzünden. Jemand anderes tut es für uns. Ich bin gespannt, ihn kennenzulernen. Ich ahne, eines Tages wird es so weit sein.

Mit einem Strohhalm in der Hand
Andrea Schwarz

Aufbrechen, losziehen, ankommen, eintreten – um dann wieder wegzugehen, zu verlassen, zurückzukehren. Könnte es sein, dass genau das Weihnachten ist? Ankommen, um wieder loszugehen?

Aufbrechen, losziehen, ankommen, eintreten – ja, einen gewissen Weg braucht es schon, um zur Krippe zu kommen. Gott kommt in der Verlassenheit eines Stalles zur Welt, nicht auf dem Marktplatz von Betlehem, nicht im Central Park von New York und nicht auf dem Apostelplatz von Viernheim. Wer ihn sehen will, der muss sich auf den Weg machen, der muss suchen, um finden zu können, der muss aufbrechen, losziehen, ankommen, eintreten. Eigentlich ist es genau das, was Advent meint – unser Weg hin zu Weihnachten.

Und dann ist man endlich da – und geht doch wieder weg. Am Ziel angelangt – und man kann nicht bleiben. Die Krippe der Weihnacht ist nur vorübergehend. Maria und Josef erklären sie nicht zu ihrem neuen Zuhause, die Hirten kehren zurück, und auch die Heiligen Drei Könige werden sich wieder auf den Heimweg machen. Und die Engel stellen keine dauerhafte Ehrenwache dort auf.

An der Krippe kann man nicht bleiben – so schön und so nett das auch sein mag. Weihnachten kann man nicht festhalten, und man kann die Feiertage auch nicht zum Alltag machen. Das schöne Gefühl ist nicht von Dauer.

Wir werden Weihnachten wieder verlassen müssen, um in unseren Alltag zurückzukehren. Spätestens Mitte Januar kehrt wieder der Alltag ein, mit all seinen Pflichten, seiner Arbeit, seinen Sorgen.

Nein, unser Alltag wird sich durch Weihnachten nicht ändern. Die Kinder gehen immer noch zur Schule, Sie müssen fürs Mittagessen sorgen oder pünktlich um 8 Uhr auf der Arbeit sein. Es gibt immer noch Wäsche zu waschen und Briefe zu beantworten. An dem „Um-uns-herum" ändert sich erst mal gar nichts. Das ist nach Weihnachten genauso, wie es vor Weihnachten war.

Ankommen, um neu aufzubrechen, wegzugehen, zurückzukehren. Das ist Weihnachten. Aber – und genau das ist der Prüfstein – verlassen wir Weihnachten anders, als wir gekommen sind? Hat Weihnachten etwas in uns verändert? Gehen wir anders in unseren Alltag zurück?

Könnte es sein, dass sich etwas in mir verändert hat, wenn ich an der Krippe war – und dass ich verändert in den gleichen Alltag zurückkehre? Vielleicht ein bisschen vertrauender, ein bisschen getrösteter, ein bisschen hoffnungsvoller? Was nehme ich mit von der Krippe in meinen Alltag hinein?

Es muss nicht viel sein, vielleicht reicht ein Strohhalm: ein Strohhalm Hoffnung, ein Strohhalm Zuversicht, ein Strohhalm Trost. Der Strohhalm, den wir mitnehmen, das ist nicht irgendein Strohhalm – das ist ein Strohhalm, der in der Krippe gelegen hat, der uns mitten in unserem Alltag davon erzählen kann, dass Weihnachten wirklich war.

Dass Gott Mensch wurde, um uns ganz nahe zu sein. Und dass mit ihm die Hoffnung und der Trost, die Liebe und die Zuversicht in unser Leben gekommen sind. Das ändert zwar an dem „Um-mich-herum" erst einmal gar nichts – aber es kann mich verändern, wenn vielleicht auch nur einen Strohhalm weit, einen Strohhalm tief oder einen Strohhalm lang. Und immer dann, wenn ich mich verändere, wird sich mein „Um-mich-herum" verändern – vielleicht nur einen Strohhalm weit, einen Strohhalm tief oder einen Strohhalm lang. Aber es kommt was in Bewegung.

Weihnachten: aufbrechen, losziehen, ankommen, eintreten – um dann wieder wegzugehen, zu verlassen, zurückzukehren. Mit einem Strohhalm in meiner Hand.

Mit mehr nicht, aber auch nicht mit weniger.

Betlehem
Phil Bosmans

An Weihnachten wird Gottes Liebe sichtbar in einem menschlichen Leib. In Jesus von Nazareth wird er Mensch, um seiner Liebe Hände und Füße zu geben und die Wärme eines Menschenherzens.

Weihnachten ist mehr als eine schöne Erinnerung. Weihnachten ist ein Geschehen, das weitergeht. Weihnachten kann an tausend Orten geschehen. Jedes Dorf und jede Stadt kann Betlehem heißen.

Die Liebe soll auch heute Hand und Fuß bekommen und die Wärme eines Herzens. Mach's wie Gott, werde Mensch!

Das Fest der
Familie

Familienfest
Anselm Grün

Wohl zu keiner anderen Zeit des Jahres sehnen sich die Menschen nach einer heilen Familie wie an Weihnachten. Die Erwartungen sind hoch. Und so stört jede Meinungsverschiedenheit sofort den Familienfrieden. Die Kinder spüren es, wenn Verlogenheit die Szene beherrscht. Eine heile Familie lässt sich auch nicht nur kurz an Weihnachten herstellen.

Das „Fest der Heiligen Familie" am Sonntag nach Weihnachten zeigt, dass die Bibel kein idyllisch-harmonisches Bild der Familie zeichnet. Die Schwierigkeiten, eine heile Familie zu sein, kommen in der Geschichte von Verfolgung und Flucht, aber auch in der Geschichte vom zwölfjährigen Jesus zum Ausdruck, der im Tempel mit den Schriftgelehrten diskutiert, ohne auf die Ängste der Eltern zu achten. Er ist nicht der brave Bub, der genau tut, was die Eltern von ihm wollen. Er hört auf das eigene Herz, und er tut das, was er darin als richtig erspürt, was er als Willen des Vaters erkennt.

Familie wird nur möglich, wenn sich ihre Mitglieder gemeinsam auf das Geheimnis einlassen, das sie übersteigt. Wenn sie an Weihnachten nicht um sich kreist, sondern das Fest und sein Geheimnis bewusst wahrnimmt.

Weihnachten will uns also keine heile Familie vorspiegeln, sondern es verheißt die Familie, die geheiligt wird, weil sie das Geheimnis Gottes in sich trägt und weil jeder in ihr sein eigenes Geheimnis hat. Nur wer sein eigenes Geheimnis und das Geheimnis seines Ehepartners und seiner Kinder im Herzen bewegt, kann sich in seiner Familie daheim fühlen. Daheim sein kann man nur, wo das Geheimnis wohnt. Weihnachten kann uns eine Ahnung davon geben, dass auch in unserer konkreten Familie das Geheimnis Gottes wohnt.

Die Heilige Familie gibt's nur im Dreierpack!

Andrea Schwarz

Vor einiger Zeit wollte ich in einem Geschäft in Mainz eine Krippenfigur des heiligen Josef kaufen, die ich zu einem ganz bestimmten Zweck brauchte. Ich war mir ein bisschen unsicher, ob man Krippenfiguren auch einzeln kaufen kann – und fragte vorsichtig nach. „Doch", antwortete die Verkäuferin, „natürlich kann man Krippenfiguren auch einzeln kaufen!" – „Auch den heiligen Josef?" – „Nein, den natürlich nicht! Die Heilige Familie gibt's nur komplett!"

Ob ihr wohl bewusst war, welch wichtige Glaubensaussage sie da so einfach dahingesagt hatte? Die Heilige Familie gibt's nur komplett, sozusagen im Dreierpack ... Josef geht nicht ohne Maria und das Kind, das Kind nicht ohne seine Eltern, Maria nicht ohne Josef und das Kind.

Zugegeben – in dieser Dreier-Konstellation scheint Josef die unbedeutendste Rolle bekommen zu haben – er wird in der Regel als alter Mann dargestellt, der, die Laterne in der Hand, ein wenig abseitssteht, als ob er nicht so recht wüsste, wie ihm geschieht. Den meisten Christen ist die Verkündigungsszene des Engels an Maria, wie sie im Lukasevangelium beschrieben wird, erheblich vertrauter als die Stelle aus dem Matthäusevangelium, in der sich der Engel direkt an Josef wendet – und irgendwie, man weiß sowieso nicht so recht, was man eigentlich von diesem Mann zu halten hat, der eine schwangere Frau zu sich nimmt, obwohl er sicher weiß, dass er nicht der Vater des

Kindes ist. Josef – das scheint der große Unbekannte im ganzen Spiel zu sein …

Aber – die Heilige Familie gibt's nur im Dreierpack. Und dass wir dem heiligen Josef so wenig Beachtung schenken, könnte vielleicht auch damit zu tun haben, dass das Bild von Maria und ihrem Sohn ein bisschen netter und freundlicher zu sein scheint als dieser eher etwas herbe Mann, der sich unserem Verstehen ein wenig entzieht.

Es lohnt sich, einmal einen genaueren Blick in die beiden Evangelien zu werfen, die von der Geburt Jesu erzählen, das Lukas- und das Matthäusevangelium. Das Lukasevangelium setzt, deutlicher als alle anderen Evangelien, seinen Hauptakzent auf die befreiende Botschaft für alle Armen und diejenigen, die im Leben zu kurz gekommen sind. Dies wird auch schon in den Kapiteln deutlich, die von der Geburt Jesu erzählen – der Engel kommt zu Maria, zu einer Frau, die zur damaligen Zeit aufgrund ihres Geschlechtes weniger galt als ein Mann. Maria wird zur Hauptperson bis hin zu ihrem Lobgesang an Gott, unter anderem mit den Worten: „Die Mächtigen stürzt er vom Thron und erhöht die Niedrigen." Und schließlich die Botschaft der Geburt Jesu durch die Engel an die Hirten, auch eine Gruppe im damaligen Israel, die nicht besonders geachtet war. Die Linie wird konsequent durchgetragen – Gottes Botschaft der Erlösung gilt all denen, die unfrei sind, die ungerecht behandelt werden, denen die Würde ihres Mensch-Seins nicht zugestanden wird.

Ganz anders dagegen wird die Linie im Matthäusevangelium gezogen: Dort wird die Geschichte der Geburt Jesu so erzählt, dass deutlich wird, dass sich in Jesus Christus das Kommen des Messias erfüllt hat, dass in ihm die Prophetenworte wahr werden, dass er der König ist, dem Verehrung entgegengebracht wird. Deshalb tauchen hier auch keine Hirten auf, sondern mächtige und weise Männer aus dem Osten, die dem neugeborenen König der Juden kostbare Geschenke überbringen wollen, deshalb die Flucht nach Ägypten, damit sich wiederum ein Schriftwort des Alten Testamentes erfüllt – und deshalb steht auch Josef im Matthäusevangelium eindeutig im Vordergrund des Geschehens, da er aus einem königlichen Geschlecht stammt. Maria wird hier nur am Rande erwähnt. Bei Matthäus will sich Josef von Maria trennen, nimmt sie aber auf Weisung des Engels dann doch zu sich, aufgrund einer Botschaft flieht er mit Maria und dem Kind nach Ägypten, um schließlich, als die Gefahr vorbei ist, wieder nach Israel zurückzukehren. Hier ist es eindeutig Josef, der der Handelnde ist, mit dem Gott durch seine Engel in Verbindung steht, der ihm seine Weisungen gibt, der für Jesus als gesetzlicher Vater einsteht und für ihn seinen Namen hergibt, der aufgrund seiner Abstammung die königliche Herkunft Jesu bezeugt.

Ja, aber, was stimmt denn nun? Ist jetzt Maria die entscheidende Person oder Josef derjenige, den Gott in seinen Dienst beruft? Waren die Hirten beim Stall oder die Sterndeuter an irgendeinem Ort, der nicht mal näher beschrieben ist? Unserem westeuropäischen, computergewöhnten Denken fällt es schwer, diese so unterschiedlichen Fassungen der beiden Kindheitsgeschichten nebeneinander stehen zu lassen und beide in ihrer je eigenen Wahrheit anzunehmen. Diese Geschichten, wie sie von Matthäus und Lukas erzählt werden, sind keine historischen Darstellungen, sie wollen nicht tagesschaumäßig über Fakten, Tatsachen und Zahlen berichten, sondern sie wollen eine innere, eine persönliche Wahrheit wiedergeben. Sie sprechen eine andere Sprache, als wir es heute gewohnt sind und die wir vielleicht nur noch von den Märchen kennen, wenn dort alte menschliche Erfahrung und Weisheit in konkreten Geschichten ausgedrückt wird, wenn Feen und Hexen ins Spiel kommen und Wundertränke und sprechende Tiere.

Beide, Matthäus und Lukas, haben recht mit dem, was sie sagen – und die Volksfrömmigkeit hat immer schon darum geahnt, dass es um etwas Tieferes gehen mag als um bloße Fakten, wenn die Hirten aus dem Lukasevangelium an der Krippe friedlich vereint bei den Heiligen Drei Königen aus dem Matthäusevangelium stehen und dazwischen Ochs und Esel, die in gar keinem der beiden Evangelien zu finden sind, sondern wiederum aus einem Vers des Propheten Jesaja (Jesaja 1,3) kommen.

So spielt bei Lukas Maria die Hauptrolle, bei Matthäus Josef – und beide werden als im Dienst Gottes stehend beschrieben, sie haben ihre je eigene Aufgabe, um das Kind zur Welt zu bringen, zu schützen, ihm einen Namen zu geben, ein Elternhaus, um es alles Menschliche von Kind an erleben zu lassen.

Die Heilige Familie gibt es nur im Dreierpack. Und vielleicht gälte es, neben das Bild von Maria mit dem Kind das Bild von Josef zu stellen, der sich mit all seinen Kräften für Maria und das Kind einsetzt.

Unter dem Christbaum

Anselm Grün

In unserer Familie war es immer ein berührendes Ritual, wenn wir alle vor dem Christbaum standen, dessen brennende Kerzen das Wohnzimmer in ein warmes Licht tauchten. Der Vater las die Weihnachtsgeschichte aus dem Lukasevangelium vor. Dann sangen wir gemeinsam „Stille Nacht". Es ist ein einfaches Ritual. Aber es gibt dem Heiligen Abend ein besonderes Gepräge. Wer diesen Abend ohne Rituale feiert, der wird bald spüren, dass das bloße Zusammensitzen und gemeinsame Essen leer wird. Es braucht gerade an diesem Abend Rituale, damit wir wirklich Weihnachten feiern können. Eine adlige Frau erzählte mir, dass in ihrer Familie nach Ritualen gefeiert werde, die seit Jahrhunderten üblich seien. Das ist keine Nostalgie. Die Familie drückt damit aus, dass sie teilhat an der Glaubenskraft und Lebenskraft der vergangenen Generationen. Sie spürt in diesen Ritualen die tiefen Wurzeln, aus denen sie lebt. Sie hat teil an dem Glauben, der die Großmutter und den Urgroßvater befähigt hat, ihr Leben in schweren Zeiten zu bewältigen. Aber die Rituale müssen immer wieder mit Sinn erfüllt werden, und sie brauchen ein behutsames Vollziehen. Nur so werden sie für uns stimmig und schenken uns Anteil an der Sehnsucht, die die Menschen seit jeher mit Weihnachten verbunden haben, an der Sehnsucht nach Frieden, nach Liebe, nach Geborgenheit, nach einem neuen Anfang, nach der Nähe des heilenden Gottes.

Bei Gott zu Hause

Susanne Niemeyer

Guten Abend, meine sehr verehrten Damen und Herren, liebe Zuschauer und Zuschauerinnen zu Hause vor den Bildschirmen. Heute möchte ich Sie zu einer ganz besonderen Weihnachtsfeier begrüßen. Begleiten Sie mich ins Hause Gottes. Tatsächlich ist es uns gelungen, eine Einladung bei dem Erfinder von Weihnachten zu bekommen. Wir schauen hinter die Kulissen. Konsum, Traditionsabbruch, Scheidungsfamilien. Ist Weihnachten in der Krise? Wir fragen: Wie feiert Gott selbst?

In zwei Stunden ist es so weit. Machen Sie Vorschläge, was ich als Ihr Vertreter im Himmel zu diesem außergewöhnlichen Anlass anziehen soll? Mit etwas Glück gewinnen Sie ein Starlight Handy inklusive der schönsten hundert Weihnachtsklingeltöne. Rufen Sie JETZT an.

(Werbepause. Wird in diesem Format nicht angezeigt. Es geht gleich weiter.)

Meine Damen und Herren, die Aufregung steigt. Wir alle fragen uns: Wie wird es sein im Hause Gottes? Wie wohnt der Herrscher aller Heerscharen? Wie man hört, lehnt er übermäßigen Luxus ab. Was also steht bei Gott auf dem Tisch? Ist er vielleicht sogar Vegetarier? Und wer wird – außer meiner Wenigkeit – zu den Gästen gehören? Mailen Sie uns Ihre Fragen JETZT und gewinnen Sie ein himmlisches Wellness-Wochenende inklusive einer privaten Weihrauchanwendung.

(Werbepause. Wird in diesem Format nicht angezeigt. Es geht gleich weiter.)

Liebe Zuschauer und Zuschauerinnen, langsam wird es ernst. Das Himmelstor ist aufgetan. Haha, ein kleiner Scherz meinerseits!

Ich gebe Ihnen jetzt vorab einen kurzen Überblick über die Familie Gottes, damit Sie sich gleich an den Bildschirmen zurechtfinden. Experten gehen davon aus, dass nur die engsten Verwandten geladen sein werden. Bei einer ähnlichen Feier Jahre zuvor sagten einmal alle Freunde ab, woraufhin Gott in letzter Minute beliebige Passanten von der Straße einlud. Es ist davon auszugehen, dass sich ein solches Desaster nicht wiederholen soll.

Zum engsten Familienkreis Gottes gehören Jesus, sein eingeborener Sohn, Maria, die Mutter, und Josef, der sein sozialer, jedoch mit hoher Wahrscheinlichkeit nicht sein biologischer Vater ist. Wobei, meine sehr verehrten Damen und Herren, es durchaus möglich ist, dass Josef der Feier fernbleibt, er hat sich bereits seit der frühen Jugend Jesu etwas zurückgezogen. Auch die Geschwister Jesu sind ein heikles Thema. Sie wurden bei ähnlichen Anlässen im Hintergrund gehalten, um die Einzigartigkeit Jesu herauszustellen. Man kann sich vorstellen, dass das nicht immer für Einigkeit in der Familie sorgt. Tja, Sie sehen, auch im

Hause Gottes kann der Haussegen schief hängen, haha! Aber gut möglich, dass sich an einem solchen Tag, am Geburtstag Jesu, alle versöhnlich geben. Das kennt man ja aus der eigenen Familie.

Hochinteressant, meine Damen und Herren, dieser Blick hinter die Kulissen, ich mache mich jetzt auf den Weg, und nach einer kurzen Werbepause sehen wir uns im Himmel wieder!

(Werbepause. Wird in diesem Format nicht angezeigt. Es geht gleich weiter.)

So, liebe Zuschauer zu Hause, da bin ich also. Mitten im Hause Gottes. Einen Tannenbaum sehe ich nicht, dafür geht es doch lebhafter zu als angenommen. Ich sehe einen großen Tisch und sehr viele Gäste, man könnte meinen, die gesamte Menschheit tummelt sich hier. Noch konnte ich den Gastgeber nicht ausmachen. Am besten, ich stürze mich hinein ins Getümmel. Stille Nacht ist das nicht gerade, haha. Ich spreche einfach mal diesen freundlichen Herrn hier an:

„Frohe Weihnachten! Wer sind Sie denn?"

„Ich bin der Kain."

„Oh. Sind Sie nicht … ich meine, Sie sind doch … haben Sie nicht Ihren Bruder umgebracht?"

„Ja."

„Und da will man Sie noch auf so einer Feier dabeihaben?"

Erstaunlich, meine Damen und Herren, Sie sehen schon, hier werden völlig andere Maßstäbe angelegt … Aber da haben wir auch schon unseren Gastgeber. Wenden wir uns lieber ihm zu: „Guten Abend, vielen Dank für die Einladung!"

„Bitte, bitte. Jederzeit. Mein Haus steht offen."

„Das haben Sie sehr schön gesagt. Kommen wir doch gleich zu dem, was unsere Zuschauer am meisten interessiert: Ihre Familie. Weihnachten ist ja ein Familienfest. Bei uns auf der Erde steht es schlecht um die Familie, das haben Sie ja sicher schon gehört."

„Ach?"

„Die traditionelle Kernfamilie gibt es immer seltener, wir kämpfen mit sogenanntem Patchwork. Jeder darf jeden lieben, man blickt manchmal kaum noch durch. Viele erhoffen sich gerade von Ihnen Impulse, sozusagen von der Heiligen für die heile Familie. Stellen Sie uns Ihre Familie doch einmal vor."

„Ja, also, Kain haben Sie ja schon kennengelernt. Da hinten sitzen seine Eltern, Adam und Eva."

„Ah, die Urmutter und der Urvater sozusagen."

„Sie verstehen sich seit geraumer Zeit eher mittelmäßig. Adam ist etwas nachtragend. Wegen der Sache mit dem Paradies damals."

„Ah, nun, haha, so sind wir Männer eben … Um wen handelt es sich denn bei diesem reizenden Ehepaar dort drüben?"

„Das sind Abraham und Sarah. Isaak ist ihr einziger Sohn. Die Vater-Sohn-Beziehung ist angespannt. Isaak wirft seinem Vater vor, ihn geopfert zu haben. Da kommt er nicht drüber weg. Sie sind auch erst spät Eltern geworden."

„In der Tat ein heikles Thema, auch bei uns auf der Erde. Frauen werden immer später Mütter. In Einzelfällen sogar jenseits der 50."

„Sarah war über 90."

„Ach … Nun, das kann man sicher nicht so eins zu eins vergleichen …"

„Also, bei uns ist das nichts Ungewöhnliches. Da drüben, sehen Sie? Das ist der Johannes. Der beste Freund Jesu. Seine Mutter wurde auch erst im hohen Alter schwanger. Sie war sehr glücklich, dass es doch noch geklappt hat."

„Ach. Und wer ist der andere Junge dort nehmen Abraham?"

„Das ist Ismael. Isaaks Halbbruder aus einer kurzen Liaison mit Abrahams Magd."

„Aus einer Liaison? Sie meinen … eine außereheliche Beziehung?" Meine Damen und Herren, Sie sehen, davor ist man anscheinend auch im Himmel nicht gefeit. Wenden wir uns am besten der Hauptperson zu:

„Das ist also Jesus, das Geburtstagskind?"

„Richtig. Daneben Maria, die Mutter, dort hinten sein Vater Josef."

„Der nicht der echte Vater ist …"

„Er hat ihn großgezogen. Das nenne ich echt. Dann haben wir da hinten noch den Verlorenen Sohn."

„Verlorener Sohn?" Meine Damen und Herren, hier den Überblick zu behalten, ist nicht leicht. „Um wen handelt es sich dabei?"

„Ach, der Junge musste sich erst austoben. Hat ein bisschen viel Geld auf den Kopf gehauen. Aber Schwamm drüber. Am Ende hat er sich ja besonnen."

„Sie scheinen sehr tolerant zu sein, wenn ich mir dieses Urteil erlauben darf. Unsere Zuschauer werden sich sicher wundern."

„Ja, Wunder gibt es hier öfter …"

„Eigentlich meinte ich – na, egal. Sind das da hinten auch Freunde Jesu?"

„Nein, das sind David und Jonathan. Sie lieben einander sehr."

„Was? Wollen Sie damit etwa andeuten, sie seien homosexuell?"

„Das müssen Sie die beiden schon selber fragen."

„Ich weiß nicht, ob unsere Zuschauer das interessiert. Wer ist denn diese schöne Frau dort?"

„Das ist Maria Magdalena. Ich glaube, sie war die erste Freundin von Jesus."

„Die erste … was? Das wird jetzt einigen unserer Zuschauer nicht gefallen. Wollen Sie damit sagen, Jesus hat … also … das ist …"

„Da halte ich mich raus. Das muss der Junge selbst wissen. Er scheint sie sehr zu mögen. Man munkelt, dass sie Prostituierte war, bevor sie ihn kennenlernte."

„Bitte was? Und all diese Leute versammeln Sie an Ihrer Tafel?"

„Mit wem sollte ich denn sonst hier sitzen? Andere Menschen habe ich nicht."

Und damit zurück zur Erde, meine Damen und Herren, wir verabschieden uns mit einem Potpourri der schönsten Weihnachtslieder …

(Musik: Vom Himmel hoch, da komm ich her. Ich bring euch gute neue Mär. Der guten Mär bring ich so viel, davon ich singen und sagen will …)

Vorurteile überwinden

Notker Wolf

Einmal habe ich in der Adventszeit im Schaufenster eines römischen Geschäftes eine „schwarze" Krippe entdeckt: Maria, Josef und das Jesuskind waren ganz aus dunklem Ebenholz geschnitzt, in typisch afrikanischem Stil. Früher wäre das in Rom undenkbar gewesen. Dabei lieben die Römer Krippen, sie sind für eine römische Weihnachtsfeier mindestens ebenso wichtig wie nördlich der Alpen ein Weihnachtsbaum.

Als ich in den 1960er-Jahren in Rom studierte, trugen die römischen Krippenfiguren jedoch stets italienische Kostüme und die Heilige Familie hatte selbstverständlich eine helle Hautfarbe. Die Schönheit von Krippen aus anderen Kontinenten wusste man damals kaum zu würdigen. Offenbar haben die Römer inzwischen dazugelernt.

Mich erinnert das an eine Entwicklung, die wir Mönche in unseren afrikanischen Klöstern durchlaufen haben. Als Missionsbenediktiner von St. Ottilien sind wir seit über hundert Jahren auf dem „Schwarzen Kontinent" tätig. Doch lange Zeit hatten wir dort getrennte Klöster für Europäer und für Afrikaner.

Erst spät wurde uns bewusst, dass es dem Geist Jesu viel mehr entspricht, wenn „weiße" und „schwarze" Mitbrüder in demselben Kloster zusammenleben. Ich habe mich als Präses unserer Kongregation damals für diese Neuerung mit allem Nachdruck eingesetzt und musste dabei nicht wenig Widerstand seitens einiger europäischer Missionare überwinden.

Gewiss, jedes Volk hat seine eigene Mentalität. Europäer setzen auch in Klöstern andere Schwerpunkte als Afrikaner. Man muss sich täglich neu aufeinander einstellen. Ohne Reibereien und eine immer neue Selbstüberwindung auf beiden Seiten geht das nicht ab. Aber die gemischten Klöster haben sich bewährt und inzwischen sind sogar die Europäer in die zweite Reihe getreten. Längst schon sehen wir in all dem dankbar ein Stück gelebtes Evangelium.

Und noch etwas hat sich in unseren afrikanischen Klöstern geändert: die Farbe der Krippen. Natürlich hatten die europäischen Missionare einst ihre Krippen aus der Heimat mitgebracht. Alles andere war für sie unvorstellbar. Und es hat unsere Europäer größte Überwindung gekostet, auch hier umzudenken.

Heute sind schwarze Krippenfiguren in unseren afrikanischen Benediktinerkonventen das Selbstverständlichste von der Welt. Sie sind ein sichtbares Zeichen dafür, dass die Botschaft des Evangeliums in anderen Kulturen ebenfalls feste Wurzeln geschlagen hat. Und auch wir Europäer selbst sind angetan von der Innigkeit afrikanischer Krippen.

Das Fest der Liebe
Christa Spilling-Nöker

„Fröhliche Weihnachten!" „Wie schnell das Jahr doch schon wieder vorübergegangen ist." „Ich nehme dir doch deinen Mantel ab." „Wie war denn die Fahrt, hast du den Anschlusszug noch gut erreichen können?" „Deine Tasche kannst du hier in der Garderobe abstellen!" „Mach doch mal die Tür auf, es hat geklingelt!" Alle redeten durcheinander, als gegen fünf Uhr nachmittags die Verwandtschaft bei Familie Schmidt eintrudelte. Das große Erzählen begann schon im Eingangsbereich der geräumigen Villa und es dauerte eine Weile, bis die Großeltern, alle Tanten und Großtanten, Onkel, Nichten und Neffen in dem festlich geschmückten Wohnzimmer ihren Platz gefunden hatten, wo das muntere Geplauder seine Fortsetzung fand. Die Tochter des Hauses zündete die Kerzen am Tannenbaum an und in gelöster Stimmung wurde schon einmal mit einem Gläschen Sekt angestoßen.

„Wo Marion wohl bleibt? Sie ist doch sonst immer die Erste." Die Mutter war beunruhigt. „Vielleicht ist sie krank geworden", flüsterte der Vater seiner Frau zu. „Aber dann hätte sie doch angerufen." Die ersten Geschenke wurden ausgepackt – und als die Mutter den Papierberg zusammenräumte, erstarrte sie innerlich. Auf dem Sideboard lag die Einladung für ihre Schwägerin Marion. Sie hatten vergessen, sie in den Briefkasten zu werfen. Ausgerechnet die Karte für Marion, denn die verstand, was

Nachlässigkeiten oder Unhöflichkeiten betraf, keinen Spaß. Eigentlich ist es ohnehin unsinnig, alle Verwandten noch einmal mit gesonderter Post einzuladen, denn es war seit Jahren so üblich, dass bei ihnen am Heiligen Abend das einjährige große Familientreffen stattfand, dachte die Mutter.

Sie versuchte mehrfach, ihre Schwägerin am Telefon zu erreichen. Doch vergeblich. Vielleicht hörte sie das Klingeln nicht. Sie war seit Kurzem etwas schwerhörig. Was also tun? Alexander, der älteste Sohn, hatte etwas von der Unruhe seiner Eltern mitbekommen und trat in den Flur. „Was ist denn los?" „Wir haben vergessen, Tante Marion offiziell einzuladen. Und du weißt doch, wie biestig sie werden kann, wenn sie sich übergangen fühlt." Die Mutter hatte so ihre Schwierigkeiten mit ihrer Schwägerin. „Sie lebt nach dem Tod ihres Mannes eben schon zu lange allein", fügte der Vater entschuldigend hinzu. „Dann bleibt sie eben dieses Mal zu Hause", meinte der Junge missmutig. „Alexander, bitte sei so gut, und hole sie ab!" „Dazu habe ich jetzt echt keinen Bock." „Wir haben dir deinen Führerschein bezahlt, also bitte sei jetzt so gut!", mahnte ihn der Vater eindringlich. „Okay, okay, ich gehe ja schon." Lustlos schnappte Alexander sich den Wagenschlüssel.

Nach einigen Minuten hörten die Eltern, wie er Gas gab und davonbrauste. Sie kehrten ins Wohnzimmer zurück und taten so, als sei alles in bester Ordnung. Die übrige Verwandtschaft war so mit sich selbst beschäftigt, dass sie Marion ohnehin noch gar nicht vermisst hatte.

Plötzlich läutete es an der Tür. Wer kann das denn noch sein, fragten sich die Eltern. Die Mutter blickte durch den Spion und öffnete erstaunt die Tür. Vor ihr stand ihre Schwägerin Marion, lächelnd, mit leicht geröteten Wangen. Eigentlich hatte sie jetzt eine Schimpfkanonade von ihr erwartet, doch diese blieb erstaunlicherweise aus. Die Mutter stammelte gerade eine Entschuldigung, als Marion ihr ins Wort fiel: „Kann ja mal passieren, dass ein Brief liegen bleibt, da müsst ihr euch jetzt keinen Kopf drum machen. Ich bin einfach mal davon ausgegangen, dass wir alle zusammen feiern wie in jedem Jahr. Leider fiel ein Zug aus, deshalb komme ich so spät. Aber jetzt bin ich ja da." Nun war die Familie fast vollständig. Fast – denn nun fehlte Alexander, der ja unterwegs zu Tante Marion war. Die Eltern versuchten mehrfach, ihn über das Handy zu erreichen, doch vergeblich. „Hoffentlich ist dem Jungen nichts passiert." „Er wird wohl gerade tanken", versuchte der Vater, seine Frau zu besänftigen, musste bei diesen Worten aber seine eigene Beunruhigung unterdrücken.

Gegen neunzehn Uhr stand der knusprige Braten auf dem Tisch, Gemüse, Kartoffeln und Soßen dampften duftend in den Schüsseln. Alle griffen hungrig zu, nur den Eltern schmeckte das köstliche Essen nicht. Zu groß war die Sorge um den Sohn. Dass er sich aber auch nicht meldet, dachte die Mutter. Sie war gerade dabei, den geeisten Christstollen zu zerteilen, als sie hörte, wie vor dem Haus eine Autotür zugeschlagen wurde. Rasch legte sie das Messer zur Seite, eilte zur Tür und riss sie auf. „Tante Marion war nicht zu Hause, aber ich habe jemanden anderen mitgebracht", meinte Alexander etwas verlegen. „Darf ich vorstellen? Das ist Annika. Sie hatte eine Panne. Da habe ich gewartet, bis der Abschleppdienst kam. Na ja, und ich dachte, sie kann ja den Heiligen Abend nicht allein an einer Raststätte verbringen." Zärtlich legte er seinen Arm um sie. „Aber du hättest doch mal anrufen können." „Daran habe ich gar nicht gedacht", brummelte er. „Frohe Weihnachten, entschuldigen Sie bitte, dass ich hier so plötzlich mitten in Ihre Familienfeier hereinplatze, aber Alexander meinte ...", meldete sich nun auch die junge Frau zu Wort. „Schon gut", unterbrach die Mutter sie, „herzlich willkommen." Sie reichte Annika leicht verwirrt die Hand. „Dann wärme ich euch jetzt noch etwas in der Mikrowelle auf." „Nicht nötig, Mama, wir haben unterwegs schon gegessen. Kann ich dir in der Küche noch etwas helfen?" Die Mutter sah ihren Ältesten völlig verblüfft an. Solche Worte hatte sie noch nie von ihm gehört. „Na ja, ich dachte nur, wegen dem vielen Abwasch. Dein fabelhaftes Dessert lassen wir uns natürlich nicht entgehen", meinte er dann mit einem Blick auf das weihnachtliche Parfait, „nicht wahr Anni?" Das Mädchen nickte schüchtern. „Ich möchte Ihnen aber keine Umstände machen."

Unter der Verwandtschaft war es inzwischen erstaunlich still geworden. Alle musterten das fremde Mädchen. Tante Marion, die sich sonst über die kleinsten Veränderungen des traditionellen Ablaufs aufregte, lächelte nur. Nachdem die leckere Nachspeise verzehrt worden war, legte der Vater, wie in jedem Jahr, die CD mit dem Weihnachtsoratorium von Bach auf. Schon während des Eingangschors blickte Tante Marion immer wieder verstohlen auf ihre Armbanduhr. Kaum war die erste Kantate verklungen, erhob sich Alexander. „Anni und ich wollen noch in einen Klub gehen." „Am Heiligen Abend, das ist doch ein Familienfest, außerdem seid ihr doch eben erst gekommen." Die Mutter war fassungslos. „So ist die Jugend heutzutage eben, sie will noch ein wenig für sich feiern. Daran werdet ihr euch gewöhnen müssen", meinte Marion mit einem Blick auf ihre anderen Nichten und Neffen. Der Vater stellte erstaunt den CD-Player ab. „Für mich wird es übrigens auch höchste Zeit." „Aber es ist erst kurz nach neun, Marion, ich fahre dich doch nachher nach Hause." „Nicht nötig", lächelte sie. „Ich habe noch ein Date. So sagt ihr jungen Leute doch heutzutage", wandte sie sich schmunzelnd an Alexander. „Mit anderen Worten: Ich werde in ein paar Minuten abgeholt." Jetzt verschlug es allen die Sprache. „Aber von wem denn?" „Nun", sie räusperte sich kurz und errötete wie ein junges Mädchen, „der Taxifahrer, der mich vom Bahnhof bis zu eurer Haustür gefahren hat, ist so ein reizender Mensch. Wir haben uns unterwegs ganz wunderbar unterhalten." Sie holte tief Luft, dann fügte sie hinzu: „Er ist auch verwitwet." Weiter kam sie nicht, denn im gleichen Augenblick klingelte es. „Kommt, Alex und Anni, wir machen uns jetzt aus dem Staub." Schnell schlüpfte sie in ihren Mantel. Und an die staunende Verwandtschaft gerichtet meinte sie: „Ihr sagt doch immer, dass Weihnachten das Fest der Liebe ist."

Die Kunst des Schenkens

Das schönste Geschenk
Phil Bosmans

An Weihnachten zeigen sich Menschen von ihrer besten Seite und tun viel Gutes. Aber viele leben mit Wunden in ihrem Herzen, die zu Weihnachten besonders schmerzen. Es gibt böse Worte und gemeines Verhalten, Undankbarkeit und tiefe Verletzungen.

Weihnachten: In die kalte Welt kommt Liebe. Zu dieser Welt gehört auch unser Herz. Auch hier können Liebe und Güte aufleben. Wo Liebe und Güte von Mensch zu Mensch lebendig sind, dort wohnt Gott: im Verständnis füreinander, in der Versöhnung miteinander. Versöhnung aber lässt sich nicht erzwingen. Gewöhnlich ist sehr viel Geduld vonnöten.

Versöhnung ist ein wunderbares Geschenk, ein göttliches Geschenk. Gott macht es uns an Weihnachten, damit auch wir einander dieses schönste Weihnachtsgeschenk machen.

Geschenke

Anselm Grün

An Weihnachten feiern wir, dass Gott uns mit dem größten Geschenk beschenkt hat, mit sich selbst, mit seinem eigenen Sohn. In der Geburt Jesu hat Gott selbst uns göttliches Leben geschenkt. So ist Weihnachten seit jeher ein Anlass gewesen, auch einander zu beschenken. Wie jede gute Tradition kann auch das Schenken verfälscht werden. Manche geraten in einen Geschenkstress. Sie setzen sich unter Druck, die richtigen Geschenke zu kaufen. Viele vergleichen ihre Geschenke mit dem Wert der Geschenke, die sie selbst bekommen.

Doch auf diese Weise verkehren wir den Sinn des Schenkens ins Gegenteil. Das deutsche Wort „schenken" heißt eigentlich: zu trinken geben. Wir kennen diesen Ursprung noch, wenn wir sagen, dass wir jemandem Wein einschenken. Ich gebe also dem, der durstig ist, etwas zu trinken. Ich beschenke nicht die, die sowieso schon zu viel haben, sondern die, die danach dürsten, die sich sehnen, beschenkt zu werden. Schenken ist eine zärtliche Zuwendung. Es verlangt, dass ich mich erst in den anderen hineindenke und mich frage, wonach er sich sehnt, wonach ihn dürstet. Mein Geschenk soll seinen Durst stillen. Wir dürsten nach Liebe, nach Zuwendung, nach Zärtlichkeit. Es geht also nicht darum, mit seinen Geschenken gut dazustehen, sondern sich dem anderen zuzuwenden und ihm das zu geben, was seinen Durst nach Liebe stillt. Schenken ist Ausdruck unserer Liebe und unseres Interesses am anderen. Wir haben uns mit ihm beschäftigt. Wir sind ihm in unserem Fühlen und Denken nahe gekommen.

Das lateinische Wort für schenken heißt: donare. Es meint: unentgeltlich geben, übergeben, überlassen. Schenken hat also nichts mit gegenseitiger Verpflichtung zu tun. Die Lateiner kennen das „do ut des": Ich gebe, damit auch du gibst. Das gilt einmal für die zwischenmenschlichen Beziehungen, aber auch für die Beziehung zu Gott. Doch das ist keine Beziehung der Liebe, sondern eher eine geschäftliche Beziehung. Donare ist ein Geben ohne Erwartung, dass ich etwas zurückbekomme. Ich gebe, weil ich dem anderen eine Freude machen möchte.

Donum ist das Geschenk. Am Fest Epiphanie singen wir im Offertorium aus dem Psalm 72,10f, dass die Könige von Arabien und Saba ihre Gaben bringen (dona adducent) und alle Könige der Erde ihn, Christus, anbeten. Die Könige bringen mit ihren Gaben ihre Ehrerbietung Christus dar. Ich beschenke also den, der höher ist als ich selbst. Christus braucht meine Gaben nicht. Aber ich ehre ihn mit meinen Geschenken. Das ist sicher auch ein Aspekt des Beschenkens. Ich drücke dem anderen gegenüber aus, dass er mir wichtig ist und dass ich ihn ehren möchte. Ich sehe in ihm etwas Wertvolles. Deshalb gebe ich ihm etwas: nicht weil er etwas braucht, sondern weil ich ihm Ehre erweisen möchte, weil ich ihn hoch schätze.

Das Geheimnis an Weihnachten aber ist, dass nicht wir Gott beschenken, sondern dass Gott uns in seinem Sohn beschenkt hat. Er hat uns mit ihm alles gegeben, seine Liebe, sein göttliches Leben, unsere wahre Würde. Doch die spirituelle Tradition kennt auch das Bedürfnis der Menschen, dass wir dem Kind in der Krippe unsere Geschenke bringen, keine materiellen Geschenke, sondern die Gaben unseres Herzens, unsere Liebe, unsere Zeit, unser Versprechen, uns von seinem Licht leiten zu lassen und die Liebe, die uns in ihm aufleuchtet, in diese Welt zu tragen. Wir schenken Christus etwas, weil wir damit ausdrücken wollen, dass er der Mittelpunkt unseres Lebens ist, die Sonne, um die wir kreisen, die Liebe, die uns beglückt. Es gibt Menschen, die dem Geschenkstress dadurch entgehen möchten, dass sie gar nichts mehr schenken und sich nichts mehr schenken lassen. Aber viele, die das praktiziert haben, erzählten mir: Es hat ihnen etwas gefehlt.

Bevor Sie in diesem Jahr an Geschenke denken, spüren Sie sich in den Sinn des Schenkens hinein. Dann werden Sie ohne Stress finden, was Sie dem anderen schenken können. Dann geht es nicht mehr um den Kaufwert des Geschenkes, sondern um die Liebe, die Sie ins Geschenk hineinlegen, in das Gespür für den anderen, in die Wertschätzung und Ehre, die Sie ihm erweisen möchten, und um den Wunsch, den Sie mit dem Geschenk für ihn verbinden.

Und welcher Geschenke-Typ sind Sie?

Andrea Schwarz

Man könnte durchaus die Adventszeit hervorragend zu psychologischen Studien nutzen – wenn man denn die Zeit dazu hätte. Das Spannende daran ist, dass es Menschen gibt, die in dieser Zeit durchaus Zeit haben. Die gehören in der Regel dem Geschenke-Typ I an – und damit sind wir schon mittendrin in diesen psychologischen Studien.

Der Geschenke-Typ I, das sind diejenigen, die ab August schon an Weihnachten denken, fein säuberlich ihre Listen führen, wem man in diesem Jahr was schenken könnte, die Sonderangebote daraufhin überprüfen, ob vielleicht irgendwas Geeignetes dabei ist – und die in der Regel am 1. Advent alles schon wunderschön verpackt in irgendeinem Schrank liegen haben. Zugegeben, die haben im Advent dann zwar viel Zeit – aber immerhin auch um den Preis, dass sie seit Sommer schon an Weihnachten denken. Und ein bisschen erinnert mich das dann schon an die Nikoläuse und die Lebkuchen, die ab September die Regale in den Läden verzieren. Der Preis, sich auf diese Art und Weise die Adventszeit freizuschaufeln, ist hoch.

Dann gibt es diejenigen, die so im Augenblick leben, dass ihnen drei Tage vor Weihnachten einfällt, dass ja in drei Tagen Weihnachten ist. Und je nach Persönlichkeitsstruktur verfallen sie dann ins absolute Rotieren – oder verschieben nonchalant alle Weihnachtsgeschenke kurzerhand auf Ostern. Eher der Geschenke-Typ II ... die, die den Advent im Advent gelassen haben – und vorher in aller Ruhe sich an Maria Himmelfahrt, dem Rosenkranzmonat und dem Goldenen Oktober erfreut haben, im November passend zur Jahreszeit ein wenig durchgehangen haben – und sich auf die erste Kerze am Adventskranz freuen. Sie zahlen einen anderen Preis: Dass es dann nämlich manchmal kurz vor Weihnachten eben doch ein bisschen eng wird mit all dem, was noch zu tun ist.

Wahrscheinlich muss da jeder seinen eigenen Weg finden, wie er diese beiden Typen in sich zu einer ganz persönlichen Mischung kombiniert, dass sie für ihn passt und stimmt.

Mir hat jedenfalls bei meiner Suche nach dem passenden Weg ein Blick in das „Herkunftswörterbuch" geholfen: Das Wort „schenken" kommt von „jemandem etwas zu trinken geben", und wir finden es auch heute noch in den Wörtern „jemandem etwas einschenken", „einen ausschenken" oder der „Schankwirtschaft". „Schenken" heißt also eigentlich, jemandem „den Durst zu stillen". Und das könnte nun wirklich einen ganz neuen Blickwinkel auf all diese Gedanken um Geschenke werfen, egal, ob im August oder drei Tage vor Weihnachten angestellt: Wonach oder worauf hat der andere *eigentlich* Durst? Ist es wirklich die 35. Krawatte oder das neueste Computerspiel – oder könnte es nicht doch eher die Einladung zu einem gemütlichen Abendessen im Advent sein, der persönlich geschriebene Brief, der Anruf? Es mag sein, dass die Frage, so herum gestellt, ganz neue Perspektiven daraufhin eröffnet, was man dem anderen denn „schenken" könnte, wie man seinen Durst stillen könnte … und dass das auf einmal sehr viel Kreativität freisetzt …

Und wie wäre es, wenn man den Menschen an Weihnachten das schenken würde, wonach sie eigentlich Sehnsucht haben – nämlich die Botschaft eines entgegenkommenden Gottes?

Das Geschenk des Nikolaus

Susanne Niemeyer

Am Morgen des 6. Dezember wacht Nikolaus auf und beschließt, dass es höchste Zeit ist, sich mal wieder zu zeigen. Er war lange nicht mehr auf der Erde. Der Himmel ist grau. Vielleicht wird es schneien. Gute Voraussetzungen, denkt er. Die Menschen mögen Schnee. Er stimmt sie so milde.

Auf dem Dachboden sucht er nach seiner Mütze. Auch der Bischofsstab ist wichtig. Man muss auf die Details achten, sonst erkennen einen die Leute nicht wieder. Er erwägt kurz, sich einen Bart zu besorgen, verwirft den Gedanken aber schnell wieder. „Ich will mich ja schließlich nicht verkleiden", murmelt er und knöpft seinen Mantel zu. „Es muss so gehen. Schließlich sind meine Taten wichtig und nicht mein Aussehen." Er strafft die Schultern. „Damals hat auch keiner darauf geschaut, was ich anhabe." Damals versorgte er eine Stadt mit Korn. Eine ganze Stadt! Die Leute buken Brot, dass alle Straßen wie eine riesige Backstube dufteten. Keiner musste mehr hungern. Ein anderes Mal rettete er in letzter Minute zwei Schwestern. Ihr eigener Vater wollte sie an ein Bordell verkaufen. Er wusste nicht, wohin mit seinen Schulden. Nikolaus legte ihm in der Nacht einen Klumpen Gold aufs Fensterbrett. Er lächelt bei der Erinnerung.

Ob die Zeiten heute besser sind? Man hört viel Schlimmes. Nachdenklich wiegt er den Kopf. Zumindest scheinen ihn die Menschen nicht vergessen zu haben. Er hat gehört, dass sie sich gegenseitig Süßigkeiten in die Schuhe schieben. Als Erinnerung an ihn. Er findet das rührend.

Dann bricht er auf. Er wählt die Fußgängerzone einer mittelgroßen Stadt. Da sind viele Menschen, die sich sicher freuen, ihn zu sehen. Er stellt sich an einen Brunnen und lächelt gütig. Es ist zugig. Wahrscheinlich eilen deshalb alle an ihm vorbei. Keiner schaut hoch. Der Wind pfeift unter seinen Mantel. Vielleicht hätte er doch weiter in den Süden gehen sollen?

Da bleibt ein Mädchen stehen. „Guck mal, Mama", ruft es, „was hat der Mann für eine komische Mütze?" Die Mutter versucht das Mädchen weiterzuziehen, aber es hat eine erstaunliche Kraft. „Guck doch!", quengelt es. Die Frau sieht ihn an und sagt: „Das ist ein Koch. Der wirbt für sein Restaurant." Mit Blick auf seinen Mantel fügt sie noch „bestimmt etwas Orientalisches" hinzu. Nikolaus will erklären, dass es sich bei der Mütze um eine Mitra handelt und dass Bischöfe so etwas tragen, auch heute noch. Die Frau schneidet ihm das Wort ab. „Tut mir leid, kein Interesse. Wir kochen selbst."

Ein wenig enttäuscht geht er die Straße auf und ab. Vor den Geschäften blinken Lichterketten. Niemand beachtet ihn. Just in dem Moment, in dem er erwägt, sich einen anderen Ort zu suchen, klopft jemand auf seine Schulter. „Endlich!" Nikolaus dreht sich um. Vor ihm steht ein Mann. Er trägt ebenfalls eine Mütze und eine Uniform und guckt sehr streng. „Hören Sie", beginnt er, „Sie können hier nicht einfach mit so einem Stock herumlaufen.

Das ist ein Schlagwerkzeug. Dafür droht ihnen ein Buß-geld." „Nicht doch", entgegnet Nikolaus und lächelt nachsichtig, „das ist mein Hirtenstab." „Sicher", erwidert der Mann trocken, „und das da ist wohl Ihre Herde?" Er zeigt auf die vorbeiströmende Menge und Nikolaus nickt erfreut. „Schluss jetzt", ruft der Mann, „Sie lassen jetzt diesen Stock verschwinden oder Sie begleiten mich." Nikolaus entgegnet, er würde ihn ja gern begleiten, habe aber noch zu tun. Der Polizist bellt, er solle ja nicht frech werden, und nimmt ihm den Stab ab.

Nikolaus ist frustriert. Ein Bischof ohne Hirtenstab ist nur ein halber Bischof. So wird ihn garantiert keiner erkennen. Jetzt muss er selbst die Initiative ergreifen, also geht er auf einen kleinen Jungen zu, der im Schaufenster eine Eisenbahn betrachtet.

„Hallo Kleiner, ich bin der Nikolaus", sagt er mit tiefstmöglicher Stimme. „Du lügst!", krakeelt der Kleine, „so sieht gar kein Nikolaus aus! Da hinten, das ist der echte Nikolaus!" Er zeigt auf einen Kerl mit rotem Mantel und Zipfelmütze. Er trägt einen viel zu langen Bart und über die Schulter hat er einen Sack geworfen, als wolle er Kohle holen. Der Junge streckt ihm die Zunge raus und läuft davon.

Nikolaus sieht ihm nach. Die Zeiten haben sich geändert, denkt er. Sie erkennen mich nicht mehr. Ich muss etwas tun, das sie an mich erinnert. Etwas Spektakuläres fällt ihm auf die Schnelle nicht ein. Vielleicht muss es ja auch gar nichts Großes sein. Auf die Geste kommt es an.

Ich werde einfach genau das tun, was sie von mir erwarten, beschließt er. Man muss niedrigschwellig denken. Ich werde ihnen etwas schenken. Das scheint ihnen ja sehr zu gefallen. Die Sache mit dem Stiefel erschließt sich ihm zwar nicht, aber er könnte ein Paket packen. Das würde er vor irgendeine Haustür legen und schauen, was passiert.

Er besorgt rotes Papier. Das sieht klassisch und geschmackvoll aus. Außerdem geht ihm der Kerl mit dem roten Mantel nicht aus dem Sinn. Was der kann, kann er schon lange. Nur besser. Nikolaus legt das Paket vor die vierte Tür einer Reihenhaussiedlung und wartet.

Nichts geschieht. Soll er klingeln? Dann wäre allerdings die Überraschung dahin. Dann wird die Tür geöffnet. Ein Glück. Ein kleiner Junge kommt heraus. Er trägt einen Hockeyschläger. Wenn der nicht mindestens so gefährlich ist wie mein Hirtenstab, denkt Nikolaus und schnaubt leise. Der Junge hält inne. „Mami", ruft er, „hier legt ein Paket!" „Wir haben nichts bestellt", schallt es zurück. „Klingel mal bei Schreibiegels, vielleicht hat der Postbote sich schon wieder vertan!" Schreibiegels scheinen die Nachbarn zu sein. Jedenfalls trottet der Junge lustlos zur nächsten Tür. Eine Frau mit Handtuchturban öffnet. Sie schüttelt den Kopf, dann tritt sie ein paar Schritte auf die Straße und beäugt skeptisch das Paket. „Wer weiß, was da drin ist?", meckert sie. „Vielleicht ist es vergiftete Schokolade." Nikolaus runzelt die Stirn. Was für eine abwegige Idee! Warum sollte jemand vergiftete Schokolade in ein Paket legen? Und es dann noch liebevoll verpacken?

Weitere Nachbarn finden sich ein. „Das könnte eine Bombe sein", vermutet ein mittelalter Mann. „Man hört ja in letzter Zeit viel von solchen Sachen." Die Idee, eine Bombe vor einem Reihenhaus abzulegen, scheint Nikolaus ebenso unwahrscheinlich wie die Sache mit der vergifteten Schokolade. „Oder eine tote Katze!", ruft eine dicke Frau. Sie ist sehr aufgeregt. „Das habe ich mal in einem Film gesehen. So was Grauenhaftes! Was es für Sachen gibt …!"

Nikolaus fragt sich, warum sie gar nicht darauf kommen, dass auch etwas Schönes in dem Paket sein könnte. Ein Geschenk. Eine unvergiftete Schokolade. Marzipanäpfel. Ein fein geräucherter Schinken. Auf diese Idee kommt niemand. Nicht dass er tatsächlich einen Schinken verpackt hätte. Man muss schließlich auch an die Vegetarier denken. Aber es wäre doch immerhin möglich. Schon eher, als eine tote Katze zu verpacken.

Ihre Diskussion wird immer hitziger. Das Paket liegt verloren auf der Fußmatte. Niemand beachtet es mehr. Da sieht er, wie der kleine Junge es vorsichtig zu sich heranzieht. Er beginnt, das Papier aufzureißen. Neugierig schaut er in das Paket. In diesem Moment dreht sich seine Mutter nach ihm um. „Jakob!", ruft sie. Ihre Stimme klingt erschrocken und ärgerlich zugleich. Jakob sieht ertappt auf. Er hält ein gefaltetes Stück Papier in die Höhe. „Ist nur ein Zettel drin!", verteidigt er sich enttäuscht. Sie nimmt ihm das Papier aus der Hand. „Ein Drohbrief", flüstert die dicke Frau ängstlich. Die Mutter faltet den Zettel auf und liest. „Vertrauen", sagt sie überrascht. „Da steht nichts drauf als *Vertrauen*."

Die Leute verstummen. Nikolaus lächelt.

Man muss den Leuten Vertrauen schenken. Wenn nicht er, wer dann?

Ein besonderes Geschenk

Christa Spilling-Nöker

Mit strahlenden Augen kam der Vater eines Freitags nach Hause. „Ich bin befördert worden!", rief er noch im Flur. „Heute Abend lade ich euch alle zum Essen ein!" Nachdem er sich seinen besten Anzug angezogen hatte, kramte er in einer Schublade. „Wo ist sie denn, Großvaters alte Taschenuhr? Der Anlass ist es wert, sie endlich wieder einmal zu tragen", murmelte er vor sich hin. Philipp stand still in der angelehnten Schlafzimmertür. Er war leichenblass. „He, Junge, alle Schularbeiten fertig?" Philipp nickte. „Wo kann denn nur die Uhr sein, ich habe sie doch immer hier in der Kommode aufbewahrt." „Vater", druckste Philipp herum, „ich, ich habe, ich habe die Uhr genommen und heute Mittag ins Pfandhaus gebracht." „Du hast was?" Mit einem Mal stand der Vater kerzengerade vor ihm. „Jetzt wird es Schläge geben", dachte der Junge und sank in sich zusammen. Der Vater atmete tief durch; dann aber fragte er ganz ruhig: „Weshalb hast du das denn getan?" „Die Mutter wünscht sich doch so sehr den goldenen Anhänger mit dem Rubin. Ich wollte ihr den so gern zu Weihnachten schenken. Und die Uhr", jetzt liefen die Tränen Philipp übers Gesicht, „die hast du doch schon ewig nicht mehr getragen. Ich dachte, du würdest es gar nicht merken, wenn sie fort ist." Der Vater atmete noch einmal tief durch, dann schloss er den zitternden Jungen fest in seine Arme. „Wie viel Geld hast du denn dafür bekommen?" „Der Pfandleiher hatte nicht genügend Bargeld in der Kasse. Er sagte, er hätte an diesem Tag schon so viele Leihgaben angenommen, dass er mir das Geld erst morgen geben könne", wich Philipp aus. „Hast du denn einen Pfandschein?" Mit verschwitzten Fingern grub Philipp ein zerknittertes Stück Papier aus der Hosentasche, auf dem man mühsam 300 Euro entziffern konnte. So ein Halunke, die Uhr ist mehr als das Zehnfache wert, dachte der Vater, sagte aber laut: „Wir wollen uns den Abend jetzt nicht verderben lassen. Morgen sehen wir weiter." Er drückte seinen Sohn noch einmal an sich. „Und jetzt zieh dir deine neue Jeans an, wir müssen gleich los!"

Am kommenden Morgen nahm der Vater seinen Sohn zur Seite. „Komm, wir gehen jetzt gleich zu dem Pfandleiher." „Ich hatte mir Ihre Telefonnummer herausgesucht und hätte Sie heute noch angerufen," sagte der Mann. „Sie wollen sicher Ihre Uhr zurückhaben." „Wie viel Euro schlagen Sie denn drauf?" „Gar nichts", meinte der Pfandleiher lächelnd, „ich weiß doch, dass ich mit einem zehnjährigen Jungen solch ein Geschäft gar nicht abschließen darf." „Ich danke Ihnen, denn ich hänge sehr an diesem Erbstück." So wechselte die Uhr wieder ihren Besitzer und der Pfandschein wurde zerrissen. Der Junge war heilfroh darüber, dass alles so glimpflich ausgegangen war. Auch dem Vater war die Erleichterung anzumerken.

„So, Philipp, jetzt gehen wir zusammen in das schöne Café am Marktplatz und trinken dort eine heiße Schokolade!" „Bevor Sie gehen, habe ich da noch eine Idee." Bei diesen Worten wandte sich der Pfandleiher an Philipp. „Du möchtest deiner Mutter ja ein besonders schönes Geschenk zu Weihnachten kaufen, wenn ich das richtig verstanden habe." Der Junge nickte eifrig. „In meinem Keller liegen so viele Kartons und alte Zeitungen herum. Es wäre schön, wenn du mir samstagnachmittags zwei oder drei Stunden beim Aufräumen helfen würdest. Du könntest heute noch anfangen. Soll natürlich nicht umsonst sein." Er zwinkerte dem Jungen zu. Philipp strahlte.

Jeden Samstag in den Adventswochen ging er nun zu dem Pfandleiher und sortierte und bündelte das Altpapier. Der Mann erzählte ihm dabei viele spannende Geschichten aus seinem Leben, sodass die Zeit, die er dort verbrachte, richtig aufregend war.

Ein paar Tage vor Weihnachten betrat Philipp stolz an der Seite seines Vaters das Juweliergeschäft. Den goldenen Anhänger konnte er natürlich nicht bezahlen, aber er erstand eine zierliche silberne Kette, die der Juwelier in ein mit dunkelblauem Samt ausgepolstertes Kästchen verpackte. Der Junge glühte vor Stolz, als er diesen kostbaren Schatz, den er sich selbst erarbeitet hatte, nach Hause trug. Was seine Mutter wohl dazu sagen würde? Er konnte sich nicht erinnern, dass er dem Weihnachtsfest schon jemals so entgegengefiebert hatte wie in diesem Jahr.

Freude schenken
Notker Wolf

Ich war ein zweieinhalb Jahre alter Stöpsel, als ich ein Weihnachtsfest erleben durfte, das mein ganzes künftiges Leben prägen sollte. Es war im Winter des Jahres 1942, mitten im Krieg. Mein Vater war an der Front. Meine Mutter wusste nicht, ob sie ihn je wiedersehen würde. Aber unser Vermieter, der im Erdgeschoss wohnte, hatte für die Feiertage Heimaturlaub bekommen. Und noch heute erinnere ich mich, wie ich am Heiligen Abend ein Glöckchen läuten hörte, und meine Mutter sagte: „Jetzt kommt das Christkind!"

Als ich über die Treppe in das Erdgeschoss hinuntergetapst war, öffnete sich vor mir eine Tür: Zum ersten Mal in meinem Leben sah ich einen Tannenbaum mit brennenden Kerzen. Und unter dem Baum war das Schönste: ein Netz mit bunten Bauklötzen. Als ich sie überglücklich in meine kleinen Hände nahm, fiel mein Blick auf unseren Vermieter: Er strahlte vor Freude über mein Glück. Bald darauf ist er gefallen. Doch das Leuchten in seinen Augen ist mir bis auf den heutigen Tag in Erinnerung. Durch ihn habe ich gelernt: Es ist eine der größten Freuden, anderen eine Freude zu machen.

Bis heute empfinde ich so viele kleine und große Dinge in meinem Leben als Geschenk. Und immer wieder spüre ich den Wunsch, dem dafür zu danken, der Ursprung alles Guten ist.

Sind nicht gerade die Momente größten Glücks im Leben nie das eigene Verdienst, sondern immer ein Geschenk?

In unseren Konsumgesellschaften müssen Weihnachtsgeschenke heute teuer und Festmenüs vom Feinsten sein. Was nicht viel kostet, hat offenbar keinen Wert, löst offenbar keine Freude aus. Etwas ganz anderes berichten mir so oft Menschen, die in Kriegszeiten, in Gefangenenlagern und unter anderen elenden Bedingungen Weihnachten gefeiert haben, oder viele unserer Mitbrüder in den Entwicklungsländern: Jedes Licht und jedes noch so bescheidene Geschenk wird unter solchen Umständen Grund zur Freude und zur Dankbarkeit. Alles wird dann zu einem Hinweis darauf, dass der unter uns ist, der uns das Größte schenkt: Leben und Zukunft.

Die Kunst, ein Geschenk anzunehmen
Phil Bosmans

Dies ist die Zeit, wo man sich gegenseitig die besten Wünsche sagt und Geschenke macht. Du weißt, wie gut das tut, jemandem etwas zu schenken, der sich darüber von Herzen freuen kann. Vielleicht ist es eine Kostbarkeit, die du bekommst, vielleicht ist es nur eine Kleinigkeit. Sei dir auf jeden Fall bewusst, dass sich da ein lieber Mensch Gedanken gemacht hat, dass er etwas sorgsam ausgesucht und eingepackt hat in der Hoffnung, dich damit zu überraschen und dir eine Freude zu machen. Du bist nicht vergessen. Hunderte andere werden vergessen, sie bekommen nie etwas, keiner denkt an sie. Sei also froh, wenn dich jemand gern hat und an dich denkt. Sei dankbar. Und dann gib auch zu erkennen, dass du es zu schätzen weißt, auch wenn es eine Kleinigkeit ist.

Zu den Autorinnen und Autoren

Phil Bosmans, 1922–2012, flämischer Ordensmann, erreichte durch seine Bücher weltweit Millionen von Leserinnen und Lesern für seine „Botschaft des Herzens". Er gründete den „Bund ohne Namen", der sich in vielen Ländern menschlich und sozial engagiert. Seine Werke erscheinen auf Deutsch im Verlag Herder. Zuletzt: „Ich hab dich gern" und „Vergiss die Freude nicht" (2019). Im Internet: www.phil-bosmans.de

Anselm Grün, Dr. theol., geb. 1945, Mönch der Benediktinerabtei Münsterschwarzach, geistlicher Begleiter und Kursleiter in Meditation, Fasten, Kontemplation und tiefenpsychologischer Auslegung von Träumen. Seine Bücher zu Spiritualität und Lebenskunst sind weltweite Bestseller – in über 30 Sprachen. Sein einfach-leben-Brief begeistert monatlich zahlreiche Leser (www.einfachlebenbrief.de)

Susanne Niemeyer, geb. 1972, ist meistens Hellseherin. Von ihrem Hamburger Schreibtisch im dritten Stock hält sie Ausschau nach dem Himmel. Als freie Autorin hat sie mehrere Bücher veröffentlicht und bloggt auf www.freudenwort.de. Während ihrer kreativen Schreibreisen nach Schweden, Mallorca oder in die Alpen sammelt sie neue

Ideen und inspiriert andere dazu, eigene Geschichten zu schreiben.

Andrea Schwarz, geb. 1955, gehört zu den meistgelesenen christlichen Schriftstellerinnen unserer Zeit. Seit vielen Jahren ist die gelernte Industriekauffrau und Sozialpädagogin in der katholischen Gemeindearbeit tätig, zuletzt als Pastorale Mitarbeiterin der Diözese Osnabrück. Bei Herder außerdem erschienen: „Eigentlich ist Ostern ganz anders", „Eigentlich ist Maria ganz anders", „Windhauch Feueratem", „Eigentlich ist Pfingsten ganz anders".

Christa Spilling-Nöker, geb. in Hamburg, Dr. phil., Pfarrerin a. D. mit pädagogischer und tiefenpsychologischer Ausbildung. Zahlreiche Veröffentlichungen. Zuletzt bei Herder: „Heiße Schokolade und was die Seele sonst noch wärmt. Geschichten zum Wohlfühlen" (2018).

Notker Wolf, Dr. phil., geb. 1940, seit 1961 Mönch der Benediktinerabtei St. Ottilien, 1977 zum Erzabt gewählt, von 2000 bis 2016 war er als Abtprimas des Benediktinerordens mit Sitz in Rom der höchste Repräsentant von mehr als 800 Klöstern und Abteien weltweit. Zuletzt bei Herder: „Ich denke an Sie. Die Kunst, einfach da zu sein" (2020).

Schwester Teresa Zukic ist Mitbegründerin der „Kleinen Kommunität der Geschwister Jesu" und eine der bekanntesten Ordensschwestern Deutschlands. Sie ist eine gefragte Rednerin und Autorin von Bestsellern wie „Die Seele braucht mehr als Pflaster"; „Von der Zärtlichkeit Gottes". Da sie täglich viele Menschen über die sozialen Medien ermutigt, wird sie auch liebevoll „Instasister" genannt. Zuletzt bei Herder: „Gott ist verrückt nach dir. Meine schönsten Gebete und Segenswünsche" (2021).

Nachweise

Alle Quellentexte sind im Verlag Herder, Freiburg im Breisgau, erschienen. © Verlag Herder GmbH, Freiburg im Breisgau

Die Bibeltexte sind entnommen aus: *Die Bibel. Die Heilige Schrift des Alten und Neuen Bundes. Vollständige deutsche Ausgabe © Verlag Herder, Freiburg im Breisgau 2005*

Phil Bosmans
Für jeden leuchtet ein Stern. 24 Lichtblicke zur Weihnachtszeit, 2013
Phil Bosmans, Lichtblicke. Ein gutes Wort für jeden Tag, 2017

Anselm Grün
Anselm Grün, Das Buch der Rituale. Jeden Tag erfüllter leben, 2016
Anselm Grün, Das große Buch der Weihnachtszeit. Das schönste Fest des Jahres neu erleben, 2014
Anselm Grün, Das kleine Buch der Weihnachtsfreude, 2012
Anselm Grün, Einfach leben – Der Adventsbegleiter. Hg. v. Anselm Gün und Rudolf Walter, 2016
Anselm Grün, Frohe Weihnachten mit Anselm Grün, 2016
Anselm Grün, Jeder Mensch hat einen Engel, 2019

Anselm Grün, Staunen – Die Wunder im Alltag entdecken, 2018

Susanne Niemeyer

Susanne Niemeyer, Das Weihnachtsschaf. 24 wunderbare Geschichten, 2020

Susanne Niemeyer, Jesus klingelt. Neue Weihnachtsgeschichten, 2019

Andrea Schwarz

Andrea Schwarz, Eigentlich ist Weihnachten ganz anders. Hoffnungstexte, 2021

Andrea Schwarz, Gib dem Engel eine Chance. Gedanken und Geschichten zu Weihnachten, 2019

Christa Spilling-Nöker

Christa Spilling-Nöker u. Johannes Wulff-Woesten, Heiliges Licht und himmlische Klänge, 2017

Christa Spilling-Nöker, Vom Engel, der die Heilige Nacht verschlief. Und andere Weihnachtsengelgeschichten 2014

Christa Spilling-Nöker, Weihnachtsglanz erhellt dein Herz, 2017

Notker Wolf

Notker Wolf u. Corinna Mühlstedt, Mitten im Leben wird Gott geboren. 24 Impulse zur Weihnachtszeit, 2017

Teresa Zukic

Teresa Zukic, Die Seele braucht mehr als Pflaster. Worte, die heilen, 2017

Teresa Zukic, Gott ist verrückt nach dir. Meine schönsten Gebete und Segenswünsche, 2021

Teresa Zukic, Von der Zärtlichkeit Gottes. Begegnungen, die uns Kraft schenken, 2020